法華経 自我偈 観音経偈 講話

大西良慶著

大法輪閣

盂蘭盆法話の大西良慶和上（104歳ごろ）

目次

法華経如来寿量品 自我偈講話

三枝茂雄画

第三講

第四講

第五講

法華経観世音菩薩普門品（観音経）

世尊偈講話

秋保正三画

法華経如来寿量品
自我偈講話

第一講

坐ってもらうだけでいい

今年もまた、盂蘭盆《うらぼん》の法座に多数のご参詣を頂きまして、まことに有難う存じます。もうあかんやろうか、もう勤まらぬやろうかと思いながらも、おかげさんで無事に勤めてまいりました。

この盂蘭盆の講座は、暑い夏の盛りに開かれます。いま空気の汚染ということがやかましく言われますが、少しでも早う起きて出てきて、このきれいな空気を吸うてもらい、お滝へ回って清冽な水を飲んでもらいたいと思います。この間も朝早く若い娘さんたちがたくさん上って見えられた。昔は朝参りというたら若い方やなしに、年のいった方が多かったのに、このごろは若い方がみな滝の水飲みに来やはる。町の水は薬が入っていて混じりものがあるけど、ここの水はきれいな岩の間から湧いて出る水やからと言うて、生の水飲みに上ってこられる、……こない聞きまして、ああいいことやなと思いました。

　このごろは川には工場の廃液がまだ流れていて、汚れているという噂《うわさ》なの。宇治川も少しはましになってきたそうですが、宇治川にいるアユまで毒液を飲んでいるという噂を聞きます。空気も工場の多いところは濁っていて悪いという。京都は有難いことには、この間、賀茂のほうの方の話を伺うと、悪い煙一つあるやないし、川は昔のとおりにきれいな水が流れたって、京都に住むお方は幸せやな、と言うてました。このきれいな空気と水は、みな只《ただ》なん。今もう町の水は只では飲めない。世の中が変わってきました。けど、この水は湧いたる水ですから、どうぞ遠慮のう持って帰ってください。皆さんに何も上げるものないから、空気と水とをせいぜい吸い飲んで頂きたいと思います。

　そうして腹の中にある汚い濁った空気を吐き出して、それでここへ寄ってもろうて、禅宗で言うたら、ここで一ときの間坐禅してもらう。坐ってもらう。もうそれでよろしい。それでいろんな汚い、好きとか嫌いとか、いいとか悪いとか、腹の中にあるグジャグジャしたものが一遍になくなって、きれいになってしまう。観音さんへ参ってここでしばらく坐ってもろうたら、もうそれでいい。ただ、せっかく来てもろうて、黙って坐っていると、町のお方は坐れば坐るほど、よけいにいろんなのが出てくる。忘れていた諸々《もろもろ》がみな出てくる。ですからこの時間を法話をさせて頂きます。聞いてもろうてもいいし、聞かいでもいいし、分かってもいいし、分からいでもいい。要は、坐ってもらいさえすれば目的が立つわけなん。

それで、ここは難しい講義やら難しい話はやめまして、また宗旨にこだわるような話もしません。とにかく参って坐ってもらうだけでいい。そのちなみに、こうして話をいたしますのが、このご法話の趣意であります。ま、そういうつもりで、とにかく上がって坐って頂く。これを難しゅう言うたら、人間の心と観音さんの心とが一つになるということ。人間の気分と観音さんの気分と天地の気分とが一つになる。そういうのが、この朝来て頂く趣意であります。

人間ほど賢いものはない

この度の話は、『法華経』の中の第十五の巻に「仏寿無量」という段がある。これは「寿量品《じゅりょうほん》」と言うて、仏さまの寿命が無量やということが書いてある。その「寿量品」の

「自我偈《じがげ》」の話をやらせて頂くことにしました。

聖徳太子が講讃されたお経が三つある。『勝鬘経』と『維摩経』と『法華経』、これがお太子さんの日本で初めて講讃をされたお経です。ご法話の始まりはお太子さんなん。『勝鬘経』は推古天皇さまの前で三日間話をされた。それでお天子さま喜ばはって、播磨の斑《いか》鳩《るが》の水田を百町歩、お布施に上げられた。お太子さんはそれを法隆寺へ上げられ、それが法隆寺の資源なり、資材になったの。この『勝鬘経』が女子のためのお経とされているのに対して、『維摩経』は男子のためのお経とされている。それから岡本ノ宮でお話をされた『法華経』は一切を通じてのお経とされている。

そういう一切に通じる『法華経』の「寿量品」をこれからやろうというのですが、あるいは皆さんにご縁が遠いかもしれんのですけれども、それは少しも差しつかえない。分かったらなおいいし、分からぬでもいいし、その間何も思わぬと、うちのこと思わず、好きなこと思わず、この時間だけ無念無想に、腹の中を空《から》っぽにして、静かに坐って頂く。そうすると、どういう所得があるか——。

人間ほど賢《かしこ》いものはない。人間が地上の生きているものの中で一番賢い。この賢いというのは知恵のあることをいう。その知恵がどのように働くかと言うたら、物に当たったときに、これは何やと、その正体を見分けるという知恵が先に出る。その知恵を術語で言うたら正体知《しょうたいち》という。それから、これはどうやったらよかろうかというのが後に出る。それを後得知《ごとくち》という。この正体知と後得知が正しい判断のできるようにするには、心が鎮《しず》まらなんだらできない。心を落ち着けておいたら、さあえらいことや、どないしよう、ということはあらへんの。心を鎮めて、心をお臍《へそ》の下へおさめて、じっと落ち着いたら、間違いのない知恵が出てくる。それが知恵の出る順序なん。

迷いとか恐れとか難儀というものが人間の世界にある。それは何かと言うたら、正体が分からぬ。正体が分からぬと、さあえらいことやというので困る。正体が分かったら、どんなことでも始末ができる。古い句に、

幽霊の正体見たり枯尾花

というのがある。秋の野をひとりで夜さり、とぼとぼ行くと、何やらそこに立っているような気がするというの。ソラ出よった、ソラこわい、……こないなるけど、じっと落ち着いて見たら、何のことはない、枯れたススキの穂が風に吹かれて揺れている。何だ、枯

尾花が風に揺れているのか。正体を見たら何でもないことやね。えらいことやだけでは、汗が出てきて、向こうへ行くのがかなわぬようになる。正体さえ見たら何でもない。人間が間違うたり、びっくりしたり、苦しんだりするのは、正体が分からぬからなん。

その知恵の話で面白い話がある。これは白隠さんの絵にあるの。座頭《ざとう》さんというたら目の見えぬ人で、昔は琵琶を弾いていささかのお礼をもろうていた。下駄履《は》いてね。昔は道に穴があいたって、水たまりに入るよってに、座頭さんは必ず下駄履く。このごろは舗装やから、道歩くのに下駄履かんならぬことはあらへんけども、舗装のできるまでは皆、高い下駄履いたものなん。その座頭さんが下駄履いて杖突いて来られたら、タヌキが「ソラ来た、化けてやろう」と、こない思いよった。座頭さんの目が悪いということ分からへん。向こうから来るものやよってに、ひとつびっくりさせてやろうと、一つ目小僧に化けて出てきた。座頭さんは目が見えぬよって黙っていたら、「おれは一つ目小僧や、こわいか」と言いよった。顔に目一つ、そんなのにお互い出会うたらこわいわね。座頭さん、目が見えぬから、心が散らへん。「何や、一つ目、おれは目一つもないから、われこわいか」と言うたら、タヌキのやつ、びっくりして行ってしもうたという話。

座頭さんは腹の底に心があって、気つけて歩いているよってに、一つ目が出よったかてびっくりも何もしやへん。心を散らしたらびっくりする。人間はびっくりしたら考えが間違う。どんなことが起こってもびっくりしたらあかん。さあえらいことやというとき、じっとここで坐るような気持ちで坐ってたら、それがちゃんと出てくる。それが坐るときに出てくる知恵なん。その後に方便の知恵が出てくる。それが宗教が人間に入り用なということなん。

仏教は五福を教える

人間ほど幸福なものはない。人間ほど立派なものはないし、人間ほど幸せなものはないの。その幸せは何か言うたら、今言う知恵があることなん。それが幸せなん。こんな話、耳にさえ挟んでおかはったら、どんなことが起こったかてあわてへん。正体見つけないかんなということが分かったら、どうやったらいいか、どうしても知恵が出なんだら、誰それと相談して、これはどこへ相談に行ったらいいということになって、間違いも心配もなしに解決する。心をおさめないかぬ、というのが知恵なん。

けども知恵ばっかりではいかぬ。福もないといかぬ。命の長いのが一つの福なん。寿命の長いのが福。お金があったかて、死んだら終いやね。そやよってに死なぬようにせないかぬ。それから財産が福、衣食住の不自由のないのが福なん。うちへ帰って食べる物がないというたら坐ってられへん。うちへ帰る時分には御膳《おぜん》がちゃんとでけたるというので来られるけれども、これからうちへ帰ってご飯炊《た》かんならぬというても気に入らぬ。衣食住は人間だけにある。獣《けもの》も着たなり、鳥も着たなり、畜生のものはみな生まれたなりで、死んでいくまでみな一枚で行かんならぬ。人間だけにあるこの着物の変化というものは大変なものなん。

頭の恰好《かっこう》でも何ぼ変わったやら、そんなこと数えているわけやないけれども、一番よう分かるのは、昔は男子はみなひげ生やさないかんの。長いのは、こよりをひねるようにひねっている。ほめるのやったら、「ええひげやな」と、ひげをほめる。明治時代の偉い人にひげのない者ってあらへん。大きなひげをなまずと言う。小さなひげをどじょうと言うの。「あいつ、どじょうひげや」こない言うた。今そんなの一つもあらへん。それがだんだん短うなってきて、百足《むかで》みたいなのから毛虫みたいになって、それが今度は何もないようになった。男子もそうなら、女子の髷《まげ》の恰好でも、戦争のときのスズメの巣みたいなのから、模様ができてきて、松島の景色やたら、それからアンパンになって、このごろはにぎり飯や。わたしら見ても、まあ忙《せわ》しいことやなと思う。誰がこれ発明するのやろうと、このあいだ聞いてみた。髷の変化はどこから出てくるのやと聞いたら、やはり誰かがやって、こんなのが今度はやるのやと言うたら、髷を結う人がみなそれを真似てやったらしい。

食べ物でも、生の野菜と言うたら、皆さんのうちもそうやろうと思うが、いまトマトという赤いのが、恐らく元日から大晦日《おおみそか》までお膳の上に出よらんことあらへん。それを皆別に怪しまへん。わたしら北海道へ行ったとき、スイカがまだなかった。あれに砂糖をかけて、スイカのかわりに食べた時代があった。今はもう食べ物も変わっているし、衣食住でも水が流れるように変わっていく。また変わったほうがよろしいね。初め洋服の姿を見て、膝《ひざ》ぼんから下が恰好悪いと思うてたん。このごろ長いのを着てはると、やっぱり短いほうがいいな、足の見えるのが邪魔にならぬようにと思う。妙なものやな。

ですから衣食住というものは大切なもの。それは人間がちゃんと時代々々に負けぬよう

自我得佛来
所經諸劫數
無量百千萬
億載阿僧祇

にする。命が長うて、衣食住があって、それで福が終いかと言うたら、肩書き——何たら会長、何たら理事長が要るな。一つではいかぬ、三つ四つ、勲章みたいなものがなければいかぬ。あの勲章というのはえらい面白い。一つではさびしいの。一つつけるようになったら、何ぞつけるものないかいなというので、記念章をずっと並べる。やはり何たら章というのが要る。それが地位。内閣が変わったら、二十人という新しい大臣ができたそうな。みな辛抱して待っている。「今度変わるときはわしの番や」と言うて、「変わるぞ」と言うたら候補者が六十人も七十人も出てくるそうな。それで三つ。

それからまだ要る。孤独で一人でいたらいかぬの。やはり兄弟や、子供や、孫や、親類やというのが大ぜい寄ってきてくれないかん。その四つで終いかと言うたら、もう一つ、無事というのがある。事の無いことが一番よい。ひやひやしたり、汗かいたりすることのないのがよい。それが人間の五福なん。それが自由にできることを教えられたのが仏教なん。その人間の世間の世話をされるのが観音さんなの。極楽の世話されるのが阿弥陀如来さん。みな受け持ちがあって、世話される。

仏教の理学と化学

この「寿量品」の「自我偈」の初めの言葉が「自我得仏来」――お釈迦さんがそう言われる。自分が仏を得て以来……これがなかなか難しい。どんなことかと言うたら、正しい知恵で判断する仏さんと後得知《ごとくち》で話するのと違う。それが難しい。こう言うたら分かるかもしれぬ。物を言う場合に、今の学問で理学・化学と二つある。いま化学がはやる。もう薬を使うところは会社でもみな化学的な薬を使うて、甘いものでも化学的な甘いものをつくる。今まで化学調味料と言うたら、一番始まりは麦の花から採ったというた。それがそんなのでは足らへん。麦の花でできるような化学調味料では追いつかへん。それで化学工場が入ってきて、何ぼでもできるようになった。このごろはもう薬でも何でもみな化学の力でできてくるようになった。その化学になる前に理学というのがある。

それで分かりやすう言うたら、仏教の正体知という知恵は理学に当たる。後得知というのは化学に当たる。この米の中に澱粉《でんぷん》が何ぼで、脂肪が何ぼで、何が何ぼでという、それは理学の範囲なん。その理学を根拠にして、これをどうしたらいいのか――というのが化学になる。炊いてご飯にする。それがためには皮をむかないかぬ。そして玄米では食べにくいから、玄米をつかないかぬ。昔は手でついた。それでは埒《らち》があかぬから、今度は足でつく。それでは埒があかぬから、水車にかけてつく。それではまだいかぬからというので、だんだん便利な方法が発達する。それは化学になる。糠《ぬか》は糠で栄養があるのやよってに、糠に塩をまぜて、野菜をその中へ入れておいて、糠の成分を野菜が吸う。それをご飯にかけて食べたら、黒いご飯を食べたのと同じ働きをするやないかと。これは化学なん。さらに、これもっと皆が食う工夫はないかというので、甘酒にしたら皆喜んで飲める。こういうぐあいにやったらお酒になるやないか。こうやればこれ酢《す》になる。こうやればこれ味噌になる。こうやれば煎餅《せんべい》になる。化学したらどないなるやら分からぬ。甘い物を入れたり辛い物を入れたりすれば、何になるやら分からぬ。みなできるの。それは米の実の話やね。

それから、この茎は勿体《もったい》ないから、これ何ぞにならぬかいな。それは刻《きざ》んで、人間は食えぬから、こいつを牛や豚に食わす。そうすると、その藁《わら》が牛肉になり、豚の肉になる。そうすると、すき焼きで食える、トンカツでいけるぞ。残ったらどうする。それは藁布団にしたら間に合うやないかというので布団になる。まだ残ったら藁紙になる。そうしたら障子《しょうじ》にも張れるやないか。一つの物が化学したら、ほかすもの一つもあらへん。みんな人間の世の中に間に合う。それは何の力かと言うたら、化学の力。すべてのものが理学で見る分野と化学で見る分野と、こう分かれると考える。

仏教でも、理学のほうで言うたら、体と心と二つに分ける。体というものは物によって成り立つ。お母さんのお腹でお母さんの血によって育てられる。それから世の中へ出たら、土は直《じか》に食べられぬわね。ほかの下等動物は土を直に食べるけれども、人間は土を直に食べられぬから植物にする。ナスビやらキュウリやら大根にする。これ、土が化ける。それから草やら野菜を今度は動物が食べる。ニワトリになる。豚が食べたら、その野菜がニワトリや豚になる。ウサギが食べたらウサギになり、牛が食べたら牛になる。こうして人間は植物に変えて食べ、動物に変えて食べる。結局、人間が土の化け物を食べる。この体は結局、死んだら土に帰る。今度は土が人間の肉を食べて肥える。そうすると、木の根やら草の根がそこへ行って、土の味をまた吸う。正しゅう言うたら、天地の元素は同じことなん。それが片方には動物となって発達し、片方には植物となって発達する。その元素というものは何かと言うたら、仏法の言葉に当てると、地・水・火・風――この四大《しだい》というものによってすべての物はできる。これは今言う理学のほうに当たる。体はみなお天子様の体もわれわれ庶民の体も材料は同じことなん。

それが何でそれに位がついて違うかと言うたら、今度は化学になる。お天子様のうちにお生まれになったら、赤ちゃんの時分からお天子様の赤ちゃん。お天子様の赤ちゃんでもやはりおしっこしやはって濡らさはる。けどそれは有難いのやね。われわれの子供が小便したら、「ああ汚い汚い」と言うて、つまんでほかす。朝鮮ではお天子様やら、そういう偉いお方は子供の小便を飲ます。銀の器《うつわ》に子の食べる物が決まったるの。健康な子供にそれを食べさせて、そのおしっこの中にホルモンという栄養剤があるというので取って飲む。薬やと言うたらきれいになるの。おしっこやと言うたら汚うなるの。それが化学なん。理学で言うたらあほらしいの。理学で言うたら同じ人間の小便。薬やと言うたら飲んで、おしっこやと言うたら汚い、そんなあほうなことあるか。これは理学から言うたらそうなる。化学から言うたら扱いが変わってくる。この世の中というものはみなそうなん。宗教でも、宗教が理学に立って言うときは、草木も動物も人間も原料は同じことなん。

この人間が天上界へ行ったり地獄へ行ったり餓鬼へ行ったりするという話をするのは仏教文化やの。仏教文化であると同時に、わたしの言葉で言うたらそれは化学になる。その話をするの。理学で言うたらお天子さんも人間、われわれも人間。人間と畜生の分子で言うたら、みな土からでけたるの。もっと分かりやすう言うたら、同じ水でもマムシが飲んで、マムシの体を通ったらそれが毒になる。牛が飲んで、その水が牛の腹を通ったら牛乳になって薬になる。水というものは同じものやけれども、その働きが違うと、毒と薬に分かれてくる。今の言葉で言うたら化学になるの。仏教化学になって仏さんになったり、地獄になったり、餓鬼になったりするの。

こう言うて分けたら、今の若い人も分からぬことはないの。それが仏教文化であり、仏さんになったら極楽であって、浄土であって、いろんないい目にあう。地獄へ行ったら針の山があって、煮えた釜があって、そこへ逆さまに放り込みよる。餓鬼になったら骨と皮とになって、土を食わんならん。餓鬼道に落ちたら、直《じか》に土を食わんならぬ。人間でも本当を言うたら土を食うている。お菓子の中にも食糧の土が入ったり、今言うように食う物がみな土の化け物を食うているのやけれども、餓鬼道に落ちたら直に土を食わんならん。

難儀なところは難儀な模様が書いたるの。地獄の模様、餓鬼の模様、修羅道の模様、畜生道の模様。その代わりに、いいところは人間から天上界から菩薩から仏の世界が書いてある。それが仏教文化なん。

こういうわけですから、仏を得て以来という、この仏というものがなかなか並《なみ》やおろそかでこれが終わるものではない。こういうこともちょっとこんな話の座で聞いておけば、大体見当がつく。そうすると、人間が仏になるということが分かる。人間が仏になると言うたら、こういうことやと分かったら、人間が畜生になり、餓鬼になり、修羅になるということが分かる。それが分かってくると、人間の正体は同じことやけれども、それぞれの力で変わるというのが、それが因縁であると、こういう次第をこの「寿量品」の中に説いたの。極楽はどこにあるかと言うたら、お互いの心の中にあり、仏さんの世界も心の中にあり、地獄極楽はみな、めいめいの心の中にある。その心というものがどんなのかと言うたら、今言うように話をよう聞いて磨きさえかけたら、それは光の知恵になる。放っといたら真っ黒けのけになって、災いを世の中へ残す、こういう順序になるの。

そんなわけで、次回から「自我偈」の原文に入ってまいります。気に入ったところだけ皆さんが覚えておいてもらう。最初に「自我得仏来」と書いてあるので「自《じ》我《が》偈《げ》」と言うの。お釈迦さんが仏になられたという、その仏の話をします。

第二講

我仏《ほとけ》を得て来《このかた》 経《へ》たる所の 諸《もろもろ》の劫数《こうしゅ》は
無量百千万 億載阿僧祇《さいあそうぎ》なり
常に説法して 無数億の衆生を教化《きょうけ》して
仏道に入《い》らしむ 爾来《じらい》無量劫なり
衆生を度せんが為の故に 方便して涅槃《ねはん》を現ず
而も実には滅度《めつど》せず 常に此《ここ》に住して法を説く
我常に此《ここ》に住すれども 諸の神通力を以て
顛倒《てんどう》の衆生をして 近しと雖《いえど》も而も見えざらしむ
衆我が滅度を見て 広く舎利《しゃり》を供養し
咸《ことごと》く皆恋慕《れんぼ》を懐《いだ》きて 渇仰《かつごう》の心を生ず
衆生既に信伏《しんぷく》し 質直《しちじき》にして意《こころ》柔軟《にゅうなん》に

一心に仏を見たてまつらんと欲して　自ら身命《しんみょう》を惜《お》しまず
時に我及び衆僧　倶《とも》に霊鷲山《りょうじゅせん》に出づ

神・仏とは何か

今回は、こういうところになる。これは何のことかと言うたら、仏さんになってからこのかた、「劫数」というたら年代のことをいう。劫数が無量百千万億阿僧祇劫《あそうぎこう》であると。まあこんな話から入る。

大体、信仰をもってる人からしたらこの話が分かるのですけれども、信仰のない者からすると、一体神さんや仏さんはあるものか、ないものかというのが初めの話やね。何も日本だけやない。世界の人が皆そない言うて、無神論者は、「そんな神さん仏さんなんてあらへん」と言う。それはだれも神さん見た、仏さん見たという人はあらへん。「そんな神さんや仏さんがないのに、何でご利益なんてあるか」と、無神論者がそない言うの。ところが、人間の世界には神さん、仏さんを見ることができる。信心から言うたら神さん仏さんがあるの。そこが、あるとして聞いていくのか、あると信じているのかというのが問題なん。どこにあるのかというのが、やはり問題なん。

そこで、一体、神仏《かみほとけ》というものはどんなものか、ということから少しやってみんならぬと思う。キリスト教の神さんは、ご承知のように一番偉いのが天地創造の神さん、全知全能という。完全な知恵を持っておられるというのが全知やの。全能というのは完全な能力があること。観音さんで言うたら、観音妙智力に当たる。大慈大悲であって、観音の妙智力に当たる。そういう神さんが天地間に一つよりないと言うの。これは日本の神さんの考え方と違う。全知全能は、仏法で言うたら法身《ほっしん》の仏になる。法身《ほっしん》の法は盧遮那仏《るしゃなぶつ》という一つでいい。そのかわりに全法界そのままが法の仏になる。それでわたしらが聞いたら話が分かる。

それなら、日本流の八百万《やおよろず》の神というのは一体どんなんかと言うたら、これも話が分かる。何で分かるかと言うたら、天地万物はどんなものでも生きるものに力にならぬとか、足《た》しにならぬものは一つもない。山も川も風も雨も草も木も、一切生きているものでお互いに利益にならぬものは一つもない。草でも、こない草が生えよっていかん、庭に草が生えたらいかん、と言う。それは人間が言うだけで、草というものはみな薬になるの。人間が知らぬだけなん。猫や犬でも、病気したら野原へ出て青葉の草をしがみよる。それで、どこぞ悪いのやなと、よう分かる。中国では昔、神農という人がいて、草をねぶって、これは何に効く、これは何に効くということを決められたというので、当時、神農さんを祀る風が移ってきた。それですから、どんなものでも人間に間に合わぬものって一つもあらへん。それを言葉で言うたら一徳――徳が一つずつあると言うの。

たとえばセンブリという薬がある。ご承知のように、とても苦《にが》いものなの。その苦いのが薬になる。またカンゾウというのがある。これはとても甘いの。センブリはセンブリで効くし、カンゾウはカンゾウで間に合うの。漢方のお医者さんにかかっている時に頂いた薬の中には、陳皮《ちんぴ》というミカンの皮もあった。ミカンの皮と言うたらおかしいわね。けれども陳皮と言うたら薬になるの。大棗《たいそう》という薬はナツメ、杏仁《きょうにん》という薬はアンズの種やの。梅の種であろうが、桃の種であろうが、みな薬になるの。漢方医の薬と言うたらエビの皮もあれば何でもある。

天地万物、天地間にあるものなら何でも、水でも薬になる。昔、天理さんを信じたら、お香水飲まされるというので、あの中に薬が入ったるのではないかと、こない人が言うてたことがある。そない大ぜい飲む水に、みな薬なんて入れられへん。水飲んだら効く。空気でも空気療法というて、この山の空気、この森の空気は何に効くという。海岸の空気、松山の空気も薬になる。水もみな薬になる。薬になるというのは、みな人間の生きるための力になるということ。そやよって天地間にある物に、こんなんあかんというものはあらへん。あかんようにしたらあかん。あくようにしたら、どれもみな徳がある。それが一徳あるよってに、昔は一徳のあるものを敬《うやも》うて「カミ」と言うた。

カミと言うたら敬いの言葉。それで八百万《やおよろず》の神という。八百万のすべてのものがみな敬わんならぬというのがカミなん。日本でカミと言うたら「お天子さん」のことをいう。家の中でやったらお父さんになる。徳川時代で江戸に行くときは「江戸下り」とか「東下《あずまくだ》り」と言うた。将軍さんのいやはるところへ行くときは「下り」と言うた。京へ来るときは「上り」と言うた。京都というのは、えらい威張ったところ。諸方から出てくるのがみな「上る」と言うて出てくる。いまのお天子さん（天皇陛下）は東京にお住まいである。それで東京へ行くとき「東上」と言う。京へ来るときは「西下」と言う。上《うえ》という字は敬う言葉。昔は「お上《かみ》」と言うて敬うた。それが町に流れたると、料理屋やらそういう商売の店の奥さんで偉いのを「おかみさん」と言う。何も別に手を叩いて拝むということやない。一番偉いことをいう。それで日本では、すべてのものにそういう力のあるのを敬うて「八百万の神」と、こない言う。どれが何の神なんて分からぬけれども、何もかも粗末にしたら勿体《もったい》ないと、それで八百万の神という。それも話は分かる。

それをまとめたら、キリストの一つの神様。万法は一つに帰する、それが法華なん。法華の思想がそれなん。そやよって何もキリストが悪いわけでもなければ、天理教が悪いわけでもない。同じことや。言い方が違うだけ、考え方が違うだけなん。

そこで、仏さんというものが、宇宙間に一つであるという仏さんと、めいめいに極楽を持ってられる仏さんと、人間の中へ出てきて働く仏さんと、仏さんを三つこしらえたる。キリスト教のいう天地に神さん一つやというのが、仏法で言うたら法身《ほっしん》の如来《にょらい》になる。それから極楽浄土の仏さんと言うたら八百万の神さんに当たってくる。それから人間がそのまま仏さんである、人間の生活がそのまま仏行であると言うときは、仏さんが人間になって出てこられる、こう言う。それを化身《けしん》という。仏さんが三つある。化身の仏さんというと、人間と仏さんと一つなん。

仏の出現の約束

ここに「仏を得て来《このかた》」と初めに書かれている。その仏を得て以来というのが面倒なん。何で面倒なのかと言うたら、どの仏をつかまえているのか、見当をつけないかん。この人間の世界へ出てきて仏さんにならはったというからお釈迦さんのこと。そのお釈迦さんにどんな話がくっついたるかと言うと、一番始まりは、衆生済度の——ここがまた難しい。どこへでも出てこられるかと言うと、因縁の熟した、何もかも道具立てのできたところへだけ出てこられる。

これはどう考えたらいいかと言うたら、娘を嫁入りさすときのことを考えたらいい。娘が年ごろになったら、どこかへやらんならぬ。またもらう家がある。やりたいという家もたんとある。もらいたいという家もたんとある。それが見合いして、あれがいい、これがいい、あれがいかん、これがいかんと言うて、いろんなことがその間に入ってくる。ほんまはいかんことあらへん。縁《えん》が調《ととの》わへんの。その縁が調うという縁の中に、細こう言うたら面倒なのがある。たとえば、どっちにも事故のない体でなければいかん。また親やら兄

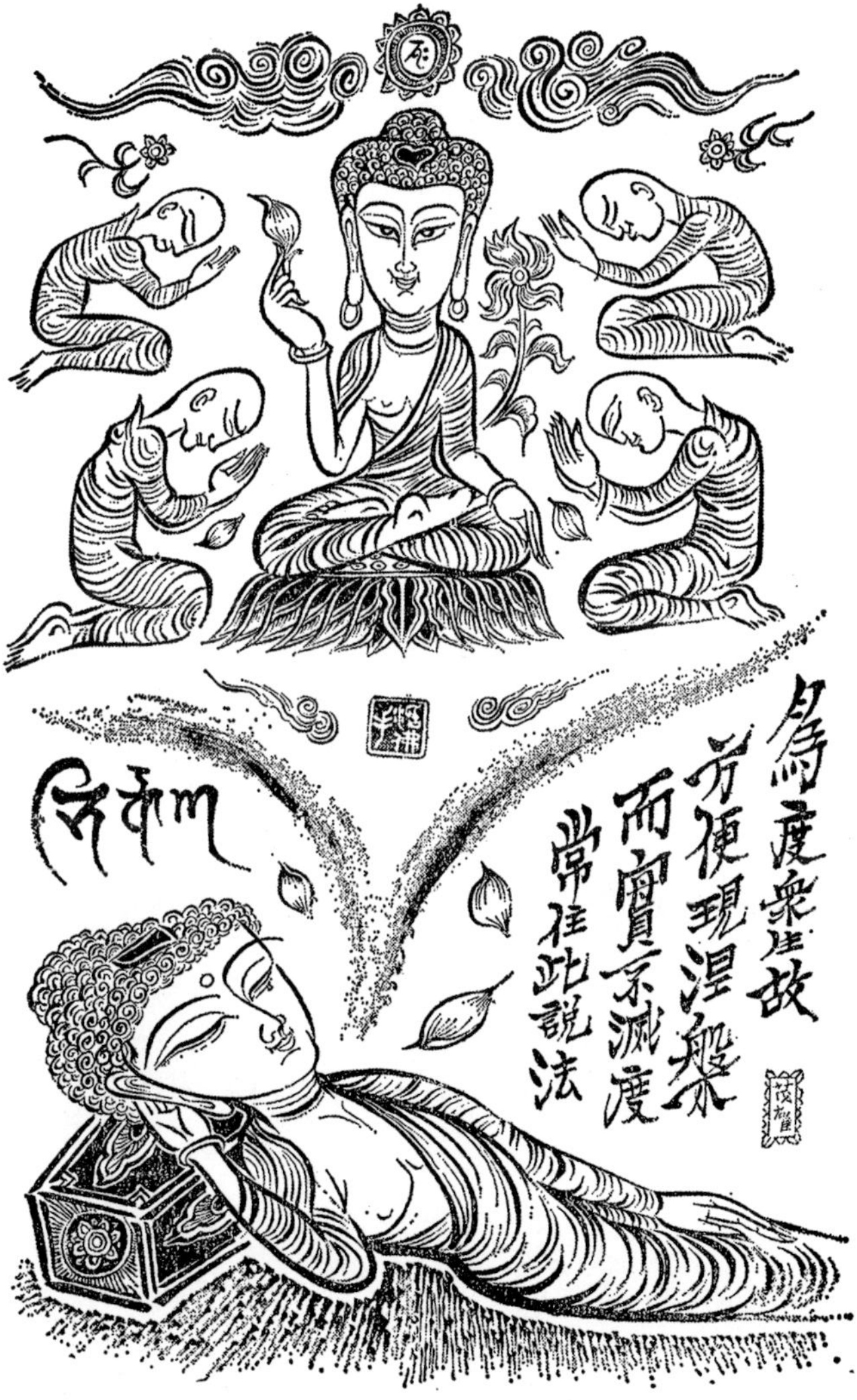
為度衆生故
方便現涅槃
而實不滅度
常住此説法

弟、皆に反対があったらいかん。何やら彼やら縁が四つあって、そしてまたいつまでも置いておけぬとか、いろんな縁が調うて初めて成り立つの。そやよって人によって縁のまとまるのと、まとまらぬのとある。お姉さんが後になって、妹さんが先にまとまるという場合もある。それはやってみな分からへん。あらかじめ人間の知恵で分からへんの。それであるごとく、仏さんが出てこられるというのは、何やら彼やらの四つの縁がまとまらぬと出てこられない。それはなかなか、そんなこと、わたしがここで八卦見みたいに言われません。

そこで、出てこられるのに、こういう約束があるという。一番初めは托胎《たくたい》。やはり人間に生まれるときはお母さんのお腹へ入らな出てこられへん。木の股から出てくるというわけにはいかへん。「どこから来やはったんやろう」「木の上から来やはった」……それではぐあい悪いわね。それで一番初めは托胎というのがある。お母さんを決める。これがまた因縁で難しい。それを先に決める。そのときに儀式がある。

日本でもそれに似た話がある。たとえば太閤《たいこう》さんが生まれるとき、受胎のときにお母さんは日輪さんが入る夢想を得られたという。白隠さんのときは伊勢から御幣《ごへい》が飛んできてお腹へ入ったという。一番おもしろいのは、平家が盛んになって、源氏をつぶそうとした。常盤御前《ときわごぜん》が頼朝と義経と義仲の三人の子を持っている。平家はそれを皆殺すと言う。そしたら池の尼というおばあさんが、「かわいそうなよってに、そんな子供三人殺さんと勘忍してやりなさい」と言う。それが通って、頼朝が伊豆の大島に流されることになる。ところがその子供がだんだん大きくなって、北条が尻からついていって、平家を滅ぼすことになる。そのときに二人の姉妹がいて、妹さんが鏡をもろうた夢見た。それを姉さんに話すと、「その夢売ってくれ」と、こない言う。妹は「売りましょう」と言うて売ったところ、頼朝からその姉さんをもらいに来た。それが頼朝の奥さんの北条政子さんになる。そんなことが書いてあるの。

それで今の話、太子さんのときも仏さんが象に乗ってこられた話が書いてある。お釈迦さんのときも何たら菩薩が象に乗って出てこられて、それで宿られる。それから摩耶夫人《まやぶにん》が花の下でお産みになった。いろいろな難しい話がひっつけたるが、それが托胎で、次が出胎という。お母さんのお腹にいつまでもいられへんから出てくるのが出胎である。

それから学問をされて、道に入る儀式を出家《しゅっけ》という。お釈迦さんの場合はいろんな例が出ていて、国の王様に仕上げんならぬというので、みんな寄って一生懸命にやっていた。そしてお嫁さんももらい、お子さんもできたるのに、十九の年——十九と二十九と二つあるけれども、どっちでもいいが、普通は十九になったる——に奥さんと赤ちゃんも置いといて、山へ入られた。それを出家という。きれいな着物を脱いで、粗末な乞食みたいな風して山へ入られた。そのときに馬に乗って宮中を出られた。それが物語にはうまいこと表現してある。門番が張っているのに、門が自然に開いたというようなことが書いたる。これは後の創作に違いない。

修行者に好き嫌いは禁物

それから、行《ぎょう》をされる。その行がなかなかえらい。外道《げどう》のいろんな行をことごとくされた。断食のときなんか、日にゴマ一粒で骨と皮とになってられる。もう研究どころやない、フラフラになってられる。こいつはぐあい悪い、体がもてぬ。それから尼連禅河《にれんぜんが》という川へ入って、浮いたり沈んだりしてられると、丁度そこへ頭の壺に牛乳を乗せた娘が通り合わせた。見ると、川の中で行者さんが浮いたり沈んだりしている。「あれは悉多《しった》太子やないか、かわいそうに、骨と皮とになってられる……」それからその骨と皮との行者さんを引っ張り上げて、持っている牛乳をさし上げた。そうしたらフラフラしているのが気力を持ち直した。それから山へ入られた。

そこに面白い話がある。五人の相弟子が、悉多太子が浮き沈みしていたのと娘に牛乳をもろうて飲んだのを見ていて、「あれはもう堕落したんやろう」と、こない思ったという。面白い話やね。生き死にの中に苦しんでいるのに、よそから見たらそんなに見える。

またこんな話もある。昔、禅の修行者が二人、小僧から僧堂へ入って行《ぎょう》をしていた。一応行ができたので、二人で諸国へ行脚に出た。編笠一つと後ろに袈裟《けさ》文庫《ぶんこ》を背負うて、白い脚絆《きゃはん》、草鞋《わらじ》を履いて修行に出た。今で言うたら無銭旅行や。何で修行かというたら無銭旅行やね。お寺へ行って頼んで本堂の縁側で寝さしてもらうとか、宮さんの拝殿で寝さしてもらう。泊めてもらうところがなかったら、雨のかからぬところで寝て、川で顔を洗うていく。そういう行をしていた。これは日本の話でっせ。

そしてあるときに、朝早う川を渡ろうとしたら、昔は川に橋なんてないところが多い。水が出たら流れるよってに、ポンポンと板を渡してあるような橋がたんとある。そこでその修行者が脚絆を上げて、わらじ濡らしたらちぎれるよってに、わらじもぬいで、川を渡ろうとした。そうしたら後ろから村の娘が出てきた。その娘を見て兄貴が、「わたしは今この川を渡ろうとして、脚絆を脱いではだしになった。あんた、わしが負うて渡してあげるよってに、わしの背中へくっつきなさい」と言うた。そうしたら娘さん、「有難う」と言うて、その坊さんの背中へくっつかはった。そうして川を渡してあげたら、「おおきに」と言うて、それはまあそれで、どこかへ行ってしもうた。

それから行脚の二人の小僧さん、とぼとぼ歩いて、晩になった。そうしたら弟の方が兄貴に文句を言いよった。「なあ兄貴、こうしてお前とわしと二人連れで行脚に出て修行してるのや、それにお前、今日も今日とて朝からあんな娘を背負うて渡すなんて、お前いいかげんやないか」こない弟の方が言うた。そうしたら兄貴が、「おれは川を渡ってしもうたら娘を背中から降ろしたのやが、お前は今日一日娘を背負うて歩いたのか」こない言った。こういう話なん。

それは何でかと言うたら、弟の方は、兄貴が娘を負うていた、兄貴が娘を負うていたと、そのことがいつまでも残ったるの。兄貴の方は、川を渡してやったら用事が済んだんやから、それで胸の中に娘があらへん。ちょっと面白いわね。仏法の修行者というものは好きやら嫌いというのをいつも背負うて歩いたらあかん。「いつの幾日にこんなこと言いよった、いつの幾日にこんなことせられた、いまいましいことや」と、いつまでも胸の中に持っていると、荷物になる。「あれがほしい、これがほしい」と言うたら、それが荷物になる。「いつ幾日にあれをやったのに、礼を言わぬ」と言うたら、それが荷物になる。「忘れよ」と言うたかて「忘れられぬ」と言う。「いいことは忘れられても、悪口なんか言われたら忘れられぬ」と言う。「そんな阿呆なこと、いつまでも思うてんと、忘れてしまえ」と言うたかて、「これだけは忘れられぬ」と言う。「もう死ぬまで忘れられぬ、もう腹が立ってかなわん、死んだら化けて出てやろう」とか、それが人間の執着なん。それが自分の一生の荷物になる。

お釈迦さんのときも同じで、お釈迦さんが、こんな苦行では悟りは開けぬと、そこで娘が出てきて牛乳を飲ませてくれたら、「有難う」と言うてそれを飲んで生き返って、正覚山へ登って悟りを開かれた。苦行の中にそんなことがあるんやね。心にわだかまりがあって、物を持ったらあかんの。水の流れるように、いいことも悪いことも、ずっとみな流してしまう。そしていつも空っぽにして朗《ほが》らかにせないかん。朝早う起き、ここへ来て坐って、いい空気だけ入れておいたらいい。

大きな欲は皆を助ける

苦行の話のついでに、もう一つ思い出したのを言っておくと、明治の初めに渡辺南隠《なんいん》(明治三十七年入寂、七十一歳。白山道場の創設者)という禅宗の偉い人が東京におられた。そこへ大学の学生が南隠老師をやり込めてやろうと乗り込んだ。仏教なんていうものは世の中に間に合わぬと、ごつい学生たちが南隠老師を訪問して、仏法の話を聞きたいと申し込んできた。老師は「そうか、よう来てくれた」と言うて、自分でお茶ついで飲まさはる。学生さんが飲む。すると老師は、またつがはる。初め一ぱいや二はいは飲めるけれども、そんな茶ばかり飲んでられへんよって、飲まんで置いておくと、またつがはる。こぼれるわね。学生さんが「老師、こぼれます」こない言うたら、そこで老師が言われた。「君たちはここへ出てくるのに、ヨーロッパの学問、何たらの学問というのがいっぱい入ったる。仏法を聞くと言うて来ても、腹の中がこの茶みたいにいっぱい入ったるやないか。わしが何ぼ入れたかて、こぼれて入らへんやないか。お腹の中を空っぽにして来るのやったら、仏法がこぼれぬように入るけれども、お前たちの腹には物がいっぱい入ったって、仏法が入らへん」こない言われた。そういう話が残ったる。お腹の中が空っぽやったら、このわたしの申す話が分かるんやな。お腹の中がいっぱいやったら入らへん。その道理は同じやな。それが先の苦行の中の一つなん。

托胎《たくたい》・出胎・出家・苦行……ときて、それからが大変なん。もう最後というときに降魔《ごうま》というのがある。降魔ってどんなんかと言うたら、あやかしがつく。物の成るというちょっと前に、もう仕上がるという前に、俗に言う邪魔が入る。この子は出世すると言うていると、丁度もういいころになったというときに邪魔が入る。それは若い者でも事業をやる者でも皆そうや。あやかしが入る。それを日本では「邪魔」と言う。邪《よこし》まな魔と書く。俗語ではそれを「あやかし」と言う。大和では、よその家へ行って要らんことをごちゃごちゃ言うて仕事を邪魔することがある。向こうのお母さんが仕事してられる。そこへ行って要らんことをごちゃごちゃ言うて、仕事をささんと帰ってくる。それをどない言うて謝るかと言うたら、「あやかしまして済んまへんな」こない言う。ごちゃごちゃ要らんことを言うて、それで仕事ささなんだのが「あやかす」やね。それが今言う邪魔なん。

人間には必ず邪魔というのがついてまわる。それがどこから出てくるのかと言うたら、外からは来ない。この中にそういう邪魔という毒がある。ちょうどフグみたいなもの。フグは食いたし命は惜しし、ということがあるが、フグは食いたしというのは、うまいということやね。別に食いたいわけではない、うまいということや。けれども、フグの毒を食うたら目まわして死んでしまう。フグは食いたし命は惜しし、それが邪魔なん。何くそと言うて食ったら死ぬの。それでうまく調理して、毒をよけんならぬ。それが前に言うたように、フグがうまいのはこういう性格があるからであり、死ぬのはこういう毒があるからと、これを分析するのが理学なん。理学では、これはようてこれは悪いと分析する。理学の範囲はそこまで。それからもう一つ向こうへ行くと科学になる。この毒をどうしたらよかろうか、こうやって取っておいたら、痛みを覚えたときにこれを注射したら、これが薬になる。こっちで飲んだら毒になるのが、科学してこっちに取っておいたら薬になる。それが科学なん。

宗教というのも、そういうものやね。悟りというものはそういうものなん。悟ってどないなるかと言うたら、悟ったかて何も金持ちになるわけやなし、一合のものが一升めし食えるわけでも何でもない。背が伸びるわけでも何でもない。それが宗教で人間を科学したら、世の中のためになる。宗教で人間の毒を科学的に分解すれば、それが慈悲になる。我の強い、欲の深い、腹の立つ毒が、宗教をもってやったら、欲の深いほどよう効くようになる。それを大欲三昧という。大きな欲やね。人間の毒は命を取ることがあるけれども、これが大欲になったら、この世界中の悪魔を退治して皆を助けるようになる。これが大欲三昧やね。ですから、宗教やったら欲かて悪いことない。けちくさいのが悪いので、宗教が科学して大欲かいたら人間を助けることになる。

今言うたのは、悟りを開くという前に魔が出てくる話。インドにはちゃんと彫り物にした降魔の図というのがある。昔から本にもちゃんと降魔の図が載ったる。それを見ると、いろいろな悪魔の手が描いたる。それを悉多《しった》太子は腹の中を空っぽにして、いいも悪いも一切ない。端然として相手にならなんだ。そうしたら、これではいかん、あやかしの甘い手ではいかんと、それからこわい顔になって、毒のままで、初め甘う来よったのが今度は苦いほうで出てきた。そうすると、お釈迦さまの身辺まで来ると、それが蓮の花になったと書いたる。それは降魔——魔を降伏された知恵の働きをあらわす。それが一つある。以上で托胎・出胎・出家・苦行・降魔、ここまでお話しした。

弥勒さんの浄土

それから正覚《しょうがく》——悟りを開く。それらの関所を越えて今度は悟りを開くということになる。悉多太子は十二月八日に悟りを開いたという。禅宗なんかで、悟りは皆が開かないかん、釈迦何びとぞ、釈迦ももとは凡夫やったから、お互い皆悟りを開かないかん、というのがそれになる。

それから転法輪というのがある。悟りを開いて安閑《あんかん》と坐っているというのやない。皆が苦しみ悩みの世界を離れて、喜びの世界へ入るというのを「法輪を転ずる」と書いたる。法輪というのは、法の輪が自由に回るというので、法輪を転ず——説教のことやね。お釈迦さまは五十年説法された。七十幾つになって霊鷲山《りょうじゅせん》で『法華経』を説かれたときに、それを言われた。四十余年未だ真実の法を説かなんだ、と。「もうわしもだいぶ迫ってきたので、今ここで真実の法を説く」と、こう言うて『法華経』を説かれたというので、仏教

降魔

の傘の下にいる者は何宗でも何派でも、『法華経』を知らぬというわけにいかん。そやよって『法華経』はすべてのお経の広い高い第一の位にある。こういうのが法華の立場なん。それで伝教大師は法華をもって叡山で天台宗を立てられた。日蓮聖人はこの『法華経』を背負うて関東へ行って日蓮宗を立てられた。それが今言う転法輪です。

それから最後は、跋提河の西の岸で二月十五日の晩に涅槃《ねはん》に入られる。それで八つになる。仏さんが人間の世界へ生まれてこられたら、この八つの儀式——八相の儀式というのがある。

この後に弥勒《みろく》さんが今兜率天《とそってん》にいられる。弘法大師も伝教大師も皆ここで今勉強していられる。それで今度弥勒さんの下生《げしょう》のときにその一座の人が皆人間の世界へ下ってきて、この弥勒さんの法を手伝われる。この弥勒さんの浄土がどこにあるか。それを書いたものが法隆寺の隣りの中宮寺さんというお寺にある。聖徳太子のお母さんのお寺やね。今でも尼さんがおられる。そこに天寿国曼茶羅繡帳《てんじゆこくまんだらしゆうちよう》というものがあって、それに弥勒さんの世界が描いたる。お太子さんはここへ上ってられるということを縫いであらわした、天寿国曼茶羅という宝物になったる。そこで本尊さんは弥勒さんでなければならぬ、こうなってきた。

これはよけいな話やけど、今までは中宮寺さんの本尊は観音さんやった。けど天寿国の曼荼羅から推してくると、どうしても天寿国のお浄土でなければいかんというので、このごろは弥勒さんになってられる。弥勒さんになるまでに菩薩像に名をつけんと放ってあった。観音さんでも弥勒さんでも何でもかまへんのやな。何でそれが決め手になるかと言うたら、太秦《うずまさ》に広隆寺という寺があり、そこに弥勒さんがおられる。その弥勒さんがやっぱり同じ恰好してられる。こっちでは弥勒さんや。それから類推して中宮寺の本尊さんも弥勒さんでなければならぬというので、いま弥勒さんになってられる。何もそんなにこだわること要らへん。新しい発明ができて正しかったら、いわゆる理学したら、それはそれでいいのやな。弥勒さんでも観音さんでもちっともかまへん。今度、弥勒さんが八相成道をやられる。

仏さんの出現と通力

そやよって初めに「仏を得て来《このかた》」とあるけれども、悟りを開いてすぐ仏やが、道行きから言うたら、そんな簡単なものではない。それが仏を得てから何ぼあるかと言うたら、もう何ぼとも知れぬ長い間、お釈迦さんになるまで、行事往来八千遍という。出てきて勉強しては死に、出てきて勉強しては死にして、ちょうど出入りが八千遍やと言われる。それで今何たらいう浄土におられるのやそうな。わたしはとても手届かぬと思うて、のぞきにも行かへん。仏さんになるということは口では何でもないけれども、聞いてみるとなかなか難儀なこと。浄土であぐらをかいてられるのかと言うたら、そうやない。もうちょっとも休みあらへん。因縁のある人が皆来やはって、説法して講釈してられる。

阿僧祇劫《あそうぎこう》というたら時間の長いのをいう。その長いのをどないに説明してあるかと言うたら、たとえば四方四十里の石がある。そして仙人が天上界から三年に一遍ずつ降ってきて、天《あま》の羽衣《はごろも》でシュッとなでて、この四十里の石がないようになる。その長さが劫と、こない言う。そない書いたる。それは喩えやから、どない長いのやら、そんなこと考えられへんわね。

清水寺の石段でも、表の石段の角がみなつるつるになったる。人間の足で歩く方が石が減る。そやよって天の羽衣でなでたかて、ないようにならぬという受け合いはないけれども、そんな長いことは何ぼ長いか分からぬ。そんな長い間説法してられて、その間に出たり入ったりされる。それにもかかわらず人々は、お釈迦さんのおられるときは有難いと思わへん。うるさいな、またあんなこと言いに来やはった、うるさいなと、こない思う。

こういう喩《たと》えがある。ある家に道楽息子があって、親の言うことを聞かんという。親父が何ぼ言うてもあかん。それで親父は旅行をして、行く先から「死んだ」という通知を出した。そうすると道楽息子が、親のいる間は何とか始末してくれよったけれども、親父が死によったらこれはとてもかなわん、親父がいたらあれも聞いておこう、これも聞いておこうと思うたのに、それが真実《まこと》になった。親父がいたら、親父がいたら……という心になった。そうすると、もうよかろうというので、ヌーッと親父が旅から帰ってきた。そこで喜んで、親孝行になってうまくいく……という喩えが書いたる。そして、お釈迦さんが、「わしは世の中の人の親父や、皆がわしをそのとおりに思ったら、わしの法が皆の力になる」ということが書いてある。

それで、ここまで苦労してきて仏さんになって、皆を助けてどないなるのかと言うたら、通力《つうりき》ができる。通力というたら知恵の働きなん。今の人間の通力はアメリカと電話をかけて話し合う。これが耳の通力（天耳通《てんにつう》）なん。それから飛行機で飛んで行く、これは足の通力（神足通《じんそくつう》）なん。われわれは知恵がないから、できて見せてもろうたら、「ウン、さようか」こない言う。しかし、飛行機が飛ぶまでの難儀というものは、長い時間の研究を経なければ飛ばれない。その話は分かったかて、飛ぶまでには長い時間がかかる。それから、この後これがどないなる……つまり目利《めき》きになる、これが目の通力(天眼通《てんげんつう》)なん。

それから仏さんの位で言うたら、人間の顔見たら心が分かる。顔を見たら、心が何を思うてきた、どんな荷物持ってきたということが分かる。これが他心通《たしんつう》という通力。それから、うちのこの子どうだっしゃろ……それは前の世にこういう因縁があって筋引っ張っておるのや。お母さんの筋引っ張ったり、お父さんの筋引っ張ったりするのがある、おじいさんの筋引っ張ったりするのがあると、前の世のことが分かる、というのが宿命通《しゅくみょうつう》。菩薩が修行して仏さんの位まで上ったら、そういう力を仏さんが持ってられる。それで世の中のために、最後の最後まで働かれる、それが仏さんなん。このように、仏を得て以来というのがなかなか簡単ではない。そやよって永遠に死なれない。

心清めれば浄土が宿る

もう一つ言うておかんならぬ。わたしらはどうして仏さんに出会うか。仏さんのおられるところは浄土なん。阿弥陀さんの浄土、薬師さんの浄土、何さんの浄土と、それは坐り場所、位なん。拝む人の心とその仏さんとの連絡はどないなるか、人間の受け手のほうで言うたら、どこへ仏さんが入ってこられるかと言うと、心へ入ってこられる。唯心の弥陀、己心《こしん》の浄土というように、人間の心の中に浄土があって、心の中に阿弥陀さんがいられる。移ってこられる。それでわれわれの持っているのは、大の信心は大の仏さん、小の信心は小の仏さんになる。

月影の至らぬ里はなけれども　ながむる人の心にぞすむ

これは月影の歌というて、皆が歌う。お月さんは天に一つよりないけど、万水に映る。山の中の草の葉の露《つゆ》にも映る。西洋にも中国にもみな月の名所がある。京都やったら石山の月、須磨やったら須磨の月、信州やったら田毎の月と、皆自分の月みたいに言うている。中国へ行ったら洞庭湖の月、何たらの月と言うている。ヨーロッパへ行ったかて、アフリカへ行ったかて、月の名所は何ぼあるやら分からへん。お月さんは一つよりあらへん。けれども、信心によって景色が調うて、そのまん中へお月さんが入る。大の信心には大の光が入る。

草の葉の露にも月は宿るなり　心を清め法《のり》の友びと

という歌もある。道にいる者、法にいる者の友達お互いは、心がきれいにさえなれば、天上の月の光は草の葉の露に宿るように宿るのやから、心を清めなさいという歌なん。我《が》の心を入れぬのが信心なん。何を聞いても、いいとか悪いとか、人間は皆そう言いたい。見に行ったかて、好きなだけほめる。好きでなかったら「いかん、いかん」と、こない言う。それは何かと言うたら、この人間の心の中に毒があるからなん。

仏さんの世界はそれぞれのお浄土が皆ある。そのお浄土から光が出ている。仏さんの光が出ている。その光が信心の水に入ってくる。仏さんは平等なん。信心があったらみな入る。仏さんは兆載永劫の功徳を積んで浄土におられる。人間は五十年、百年の間に宿がえしていかないかんけれども、仏さんは永劫の長い間おられる。そして人間が出たり入ったりしているのをみな見てられる。お蚕《かいこ》さんみたいに、虫が葉を食うて、繭《まゆ》をつくって、蝶《ちょう》になって、種を残して死んでいく。その種がまた虫になって葉を食うて、蝶になって毎年毎年変っていく。お蚕さんを飼うている者は毎年やから、これはこの種でとよう知っている。

そのように仏さんは前の世のことをみな知っておられるので、これはこうやったらいい、これはこうやったらいいと匙《さじ》かげんが利く。仏さんの説法は宿命通があるよってに、信心さえしていたら、これは前の世にこんな勉強しておるよってにこっち向けたらいい、これはこういうことをやっておるよってにこっち向けたらいいと、みな世話してられる。遊んでいられない。仏さんの世界というものは、初めの出発点が有難い。自分の欲なしに、大ぜいの人間が難儀をしないように、生きているものに苦しみのないようにしてやりたいという、その願から行が出てくる。それでそれが続いてくる。

今回の話は何かと言うたら、向こうの仏さんの方のお話をした。何宗教でも、向こうの本尊さんになるのはみな偉い。次からは頼んで助けてもらう方の話をせんならぬ。衆生界、もらう方、無理を言う方、病人の難儀する方のわれわれの世界の話をいたします。こういう人間であるからこういう仏さんの働きが要るという組み合わせは、この次から出てくる。それがここにずっと書いたる。その文句を一々押さえていたら難しゅうて、ひまがいる。ですからここというところだけ、かいつまんでお話いたします。

第三講

我《われ》時に衆生《しゅじょう》に語る　常に此《ここ》に在《あ》って滅《めっ》せず
方便力《ほうべんりき》を以《もっ》ての故に　滅不滅有りと現ず
余国《よこく》に衆生の　恭敬《くぎょう》し信敬《しんぎょう》する者有らば
我復彼《われまたか》の中に於て　為《ため》に無上の法を説く
汝等此《なんだちこれ》を聞かずして　但《ただ》我滅度《めつど》すと謂《おも》へり
我　諸《もろもろ》の衆生を見るに　苦海《くかい》に没在《もつざい》せり
故《ゆえ》に為《ため》に身を現ぜず　其《それ》をして渇仰《かつごう》を生ぜしむ
其心《そのこころ》の恋慕《れんぼ》するに因《よ》り　乃《すなわ》ち出《いで》て為《ため》に法を説く
神通力《じんずうりき》是の如し

欲のところに難儀あり

前回は仏さんのお話をいたしました。仏さんがここにおられるという話。一口に、どこにおられるのかと言うたら、どこにでもおられる。それが有難い。それは喩えて言うと、お月さんは常在雲の上、そこに本体はおられる。その光は普《あまね》くこの地上にそそいでおる。それは水をくんだら分かる。ほかしたら分からへん。そやよってに水のあるところにお月さんのあるのが分かる。それが、衆生に信心があったら信心のところへ仏さんの力が、光が入ってくる。お月さんの光は夜さりも昼も照ったる。お日さんの光でも昼も夜さりも同じように照ったる。けど、こっちが夜さり寝るよってに見えへん。目ふさぐよってに見えへんだけで、お月さんの光もお日さんの光も星さんの光も平等に光っている。これは何でもないこと。それさえ分かったら、仏さんの光も来るし、神さんの光もみな来る。

そやよってに、観音さんの掛け物を拝んでたら、その観音さんのお姿のところへ観音さんが来てられる。観音さんのお木像のところで拝んでいたら、そのお木像のところに観音さんの光が来てられる。何でもないことです。信心して拝んでたら、この心が澄むと、澄んだところへ仏さんの光が入ったる。それで、信心さえしていたら――そら信心していても、因縁で出てくるものは出てくる。因縁が出てきても、信心していたら、信心のない者みたいに難儀がること要らへん。難儀がるのは、自分の力で行こうと思うよってに難儀がる。もっと分かるように申せば、難儀に負けるの。重たい物を持つのと一緒なん。軽い物やったら難儀ではない。

昔の話ですが、私が名古屋である夏初めてのスイカをよばれた。「おいしいな、もうこないおいしなっているのかい」と言うたら、「お気に入りましたら、もう一つあるよってに持ってお帰り」こない言われた。「さよか、いただいて帰ります」おいしいと思う拍子にそない言うた。それなら持ってお帰りと言うて、もろうて、汽車降りるまで何でもなかった。それはそうやな、網棚に置いといたから……。でも、いつまでも網棚へ置いて空っぽで帰ってこんならぬよってに、せっかくもろうて汽車に残しておくのも惜しいと思うて持って降りた。駅を出てからてくてく歩くの。昔やから人力に乗ったら高うつく。人力に乗るのやったら、スイカは買うたほうが安いので、それはもう歩かな損や。それが重たいの重とうないのって、食べているときは重とうなかったけど、持っているときというのは重たい。まあやってみなはれ。何でこんな重いものをもろうたのやろう。そんならというて置いておくのも惜しい。食べもならず、置いときもならず、持って歩くのは重たいし……ということで、えらい目に遭うたな。もろうてえらい目に遭うた。

そのように難儀というものは何もあらへん。欲のところに難儀が引っついているので、難儀はこっち持ちなん。みな怒ったりすること要らへん。難儀なときには、これはわしの難儀に勝つ力が足らぬのやと。どうしたらよかろうか。それは信心して仏さんの力を貸してもらわな、どうもならぬ。何くそというときに南無阿弥陀仏を念じ、何とか貸してもらうの。今殺されるというときでも、死んだらどないなるのや分からぬし、首切られるのもかなわぬ。

昔の本読んだら、みなそうやね。重衡《しげひら》が清盛の言うことを聞いて、奈良の大仏さんを焼き払うた。聖武天皇のお建てになった日本第一の大仏さん。おやじの清盛というのは、顔見たらそうこわい人ではない。六波羅蜜寺に清盛の木像がある。顔見たらきんちゃくみたいな小さい顔をしてられる。けど、書いたもの読んだら、えらいこわい方《かた》やね。癇癪《かんしゃく》持ちなん。平家を滅ぼそうというのが問題やのね。そこで、どうせぐじゃぐじゃ前からもよおして、ややこしゅうなったる、叡山と奈良の東大寺、興福寺、この一帯が平家をつぶす方に賛成したわけなん。そやよって清盛が怒って、焼いてこいと言うたので、重衡が大仏を焼き払った。

それから世の中が変わって、平家が滅びる。重衡がつかまえられて鎌倉へ送られ、今で申せば、死刑ということになった。そうすると、奈良の方から、「大仏さんを焼き払うた人やから渡してくれ」こない言うてきたので、その罪人を渡さはった。そうしたら奈良坂で奈良の人々が敵討《かたきう》ちや言うて切ってしもうた。それは仕様がないわね。大仏さんを焼いたんやから、殺されるくらいなことは何もびっくりするほどのことやない。そこで重衡がこわくなってきた。殺されるのはよんどころないけども、どないなるのか分からぬから、やはりこわかった。それで西に向こうて「南無阿弥陀仏」と言うて切られた、と物語に書いたる。「南無阿弥陀仏」を称えてたら、死ぬ事に勝つの。どない勝つのかと言うたら、死ぬ難儀より極楽へ行ったほうが上等なん。そやよってに死ぬのに勝つ。「南無阿弥陀仏」と言うたときに首切られたので、「助けてくれ」とも「かなわん」とも、何とも言わへん。難儀というものはどこにあるのかと言うたら、負けたときが難儀なん。相撲を取っても負けたのが泣きよる。勝った方は泣かへん。負けたのが難儀やから、相撲にこけたのが悲しいことない。負けたのがかなわんの。そのかなわんのが弱いの。そやよってに泣く。

仏さんというものは、いつもここにおられる。見えんだけなん。お日さんの光でも、夜さりになったら皆真っ暗やと思うてる。それは今の話で言うたら、お日さんがじっとしていて、その周りを地球が動くので、地球の裏の方が暗うなる。裏向くよって、太陽の光を邪魔するよってに暗いだけで、それでお月さんがこっちへ出ると、太陽の光がお月さんに映ってこっちに出てくるから、夜さりお月さんが赤くなる。そういう学問的なことはわたしは知らぬけれども、そういうことやね。

秋になって、砂ごみたいな星さんが出られる。あれはお月さんよりもっと遠いところにおられるという話なん。そんなこと、行ったこともないのによう知ってるなと感心しますのやな。まあどっちでもかまへん。星さんの光は夜昼なしにここへ来たる。それはお百姓さんのところへ行ったら分かる。秋になると日が短い。人間の目で見たら真っ暗なん。それなのにお百姓さんは仕事している。「暗うてできますかいな」と言うたら、「星明かりです」って。本には「星月夜」と書いたる。星さんがお月さんの代わりをされる。そやよってにお百姓さんが星をお月さんの代わりに使うて、星の出ている間に仕事をよけいすると、仕事ができる。

どんな所にも、星の光も月の光も太陽の光も来ている。神さんの光も仏さんの光も来ている。もっと分かりやすう言うたら、父母が生きていたら父母の光が来ている。親の光が子に来ている。親が学校へ行く子供に「汚れたらいかぬ」と言うて着物を着せかえてやる。それは、人間の世界では何も見えない。しかし、先生が見られたら、お母さんのお慈悲が子供の姿の上に出たるのが分かる。

そやよってに、この道理というものは何でもないものなん。悟りさえしたら何でもないわね。道理というものに嘘はあらへん。悟ったら難儀というものはない。だんだん極楽がここにあることが、よう分かってくる。じっと考えてみると、そうかいなと思うの。うちへ帰ったら忘れるけど、そうやって聞いている間はそんなものかいなと思う。そやよってに初めに言うた、坐ってもろうたらそれでいいのやというのは、それでそろばんが合うてくるのやな。

天地人の恵みを知る

これからは人間の話に入ります。それで語句を一つずつつかまえてたら、ひまがいるよってに、分かるようにつかんで話をします。

この地上は人間の世界なん。これをお経では衆生界《しゅじょうかい》と書いてある。衆生界というたら、人間も畜生もいろんなものが生きている。見えるものから見えへんものまで、この衆生界にはいろんなものが生きている。それはそうやね。われわれの見えるのは、これだけより見えへん。しかし、アメリカ、アフリカ、ヨーロッパ、いろいろなものがまだ住んでいるらしい。この衆生界というものは仏さんから見たら何ぼあるやら分からぬ。その衆生界の話をかいつまんで申したいと思う。

どこから行こうかと言うたら、この天地から行く。天は覆《おお》い地は載《の》せる。どんなものでも地の上に載らぬものはあらへん。天は覆う。どんなものでも覆う。虫けらも鳥もどんなものでも天は覆うている。同時に地は載せているの。人間で言うたら、善い者も悪い者もお日さんは照らしている。雨が降ってきたら、毒の草も薬の草も、雨の潤《うるお》いは平等なん。

天覆い地載すというのは、平等を教えてくれている。

親は平等であると子供は知らぬ。兄貴だけえらい慈悲入れて、わし放っておかれると、こない思う。女の子やったら、姉さんだけいい着物を着せて、わたしにはいいの着せへんと、こない思う。思うか思わぬか、ご自由やから、わたし知らぬけど、まあそない思うのが当たり前なん。何でかと言うたら、人が着たらきれいに見える。自分が着るのより人の着た物の方がきれいなん。それはそうやね。自分が同じのを着たかて、人の着ているのを見ていいなとは思わへん。どない思うかと言うたら、これ着て歩いたら皆びっくりしよるやろうと、こない思うの。これ着て歩いたら皆惚れよるやろうと、こない思う。けど、向こうはそんな着物に惚れてられへん。着物に惚れたら、デパートへ行ったら帰ってこられへん。けど、着て行くときは着物に惚れさそうと思うて、いいのを買うて、これで似合うやろうと、こない思う。鏡の前へ行って前から見て喜び、後ろを見て喜ぶ。これなら皆びっくりするやろうと、こない思う。

世の中というものは何が何やら、じっと考えたら妙なものや。お菓子でも紙に包んで箱へ二重三重に入れてある。そんな紙なんて食べられへん。直《じか》やったらすぐ、つまんで食べられるのに、外国のお菓子は紙を破るのでさえなかなか手で破れん。もう食べるのが先になって、むくの待ってられへん。「ちょっとむいてくれ」と言うて、むいてもろうて食べんならん。そんなにせいでもいいと思うけど、そうすると中のお菓子がおいしゅう見える。見えるか見えぬか分からんけど、こしらえる方はそない思う。それと一緒で、中のお菓子をよう見せようと思うので、暑うても二枚も三枚も着せる。そう思うていたら間違いない。娘さんの立派なのを着てられるのを見たら、まあ丁寧に包んだるなと、こない思うたら間違いない。

この世の中は、天覆い地載す、これは親子、家の中でも国でも同じことなん。それを有難いとも勿体ないとも思わへん。そこに間違いがある。それを知るのは人間だけなん。人間だけ、それを言うたら分かるのやね。言わいでも分かるけど、言うたらよう分かる。一遍に賛成する。それを「天地の恵み」と言う。聞いたら、それはそうやなと思う。春になって暖《ぬく》うならな花咲かぬし、暖うならな米もできぬし、豆もできぬよってに、暑うても暑いのが結構やなと。

それはお百姓さんがよう知っている。夜さり暑うて暑うて寝られぬほど照ってもらわぬ

天
地
易曰
夫大人者
與天地合其德

と米のできが悪いと言われる。わたしは田舎で大きゅうなったので、そういう話を聞いている。お百姓さんは夜さり寝られぬほど暑うても怒ることない。田の水が煮えて、ブツブツご飯の煮えるような音がすることもある。そうすると、お百姓さんは「田の水が煮えるようにならな米がよけいできない」と言われて喜んでいる。それでわたしら「暑い暑い」なんて言われへん。煮えたる音を聞いて、「ええ塩梅《あんばい》やな」と言うて、汗拭いている。難儀なのは弱いものだけが難儀なん。強いのは喜んでいるんやな。

天地の恵みを知って、人間お互いの恵みを知ったのが人間だけよりあらへん。そやよってに、お互い顔見合わせたら「有難う」と言わいでも、敬意をもって顔見ないかん。向こうが顔見てくれたら、こっちも見る。目と目で礼をする。知り合いやったら尚更《なおさら》やね。「お早う」と言わいでも、ちょっと目を送る。そんなんタダでできるんやな。気に入らぬ人が出てきたら目を送らへん。よそ向いて目やらへん。好きな人来たら目をやる。四条の橋の上で西から別嬪《べっぴん》さんが来た。「ああ、来た来た」こない言うて、目で迎えに行く。そしてじっとついていって、その美人が東に渡ってしもうたら目で見送る。目これを迎え、目これを送るやな。いわく美にして麗、美しゅうて艶《つや》つやしゅうて、いいなと。その仕事は何かと言うたら、目の仕事なん。そやよってに親やら兄弟やら親類やら知り合いの者は目くらいは送らないかん。気に入らぬとき恐《こわ》い顔して、引きつった目送ったらあかん。それができるのは人間だけなん。

そやよってに人間に生まれた者は知恵がある。これは親や、これは友達や、これは大将や、これは何やという識別の知恵がある。他の動物に生まれたらそれはあらへん。一対一なん。何ぞくれたら尾を振りよるけれども、くれなんだら「ウォー」と言う。それは畜生道や。人間の尊いということを先ず知らにゃならぬ。

それで日本では天地人という。天地というものは平等に恵む。その中に人間がもう一つ入る。人間は平等に皆をよくせにゃいかぬというので、天地人の三なん。花を生けても天地人。この天地人というのは位取《くらいど》りなん。天と地の間に人間を入れる。お互い人間は、天と地とに比べるほど偉い。おれはあかん……そんなことあらへん。人間の何が偉いかと言うたら、知恵が偉い。知恵の光が偉い。前に言うたように、その知恵を仏教では、まともに物を知る知恵というので正体知と言う。その次にまだ知恵が起こってくる。それが物にぶつかった拍子に出る知恵と、後から出てくる知恵とがある。その後から出る知恵の中にいい物であったら欲しゅうなり、気に入らぬのやったら要らぬという知恵がある。だんだん後からそういう知恵が出てくる。この知恵のあるのが人間の尊い理由なん。

ですから知恵を持って生まれてきて、教育してもろうて、世の中に立てるようにしてもろうたという道行きを考えたら、親も有難い、先生も有難い。もう有難ずくめなん。このごろ大学というえらい学校がたんとある。その大学の生徒が先生と喧嘩をする。先生から生徒に喧嘩買うということはない。それは何でかと言うたら、先生のほうが上なん。喧嘩買いに行くのは、下の方から行くのが喧嘩なん。どこの喧嘩見ていても、買いに行くのは下から行く。そやよってに、学校の喧嘩はわたしらはよう知らぬけども、どこそこの学校で先生と喧嘩して学校休んでると聞いたら、また若いのが暴れておるのやなと、こない思う。先生が暴れて学校へ来られない、そんなことあらへん。生徒が暴れて休んでいることはあっても、先生が暴れて学校へ来られんということはあらへん。先生のほうが上なん。

そやよってに、人間ということが分からなんだら、ぐちゃぐちゃになる。それで仏法では人間の尊いことを先に教える。天地人の三。その偉いのは、今言うたように知恵があるから偉い。

感情が罪をつくる

人間の偉いのは、知恵があるからだという話をしましたが、ところが偉くない知恵もある。その偉くない知恵がどうして起こるかと言うたら、それは感情から起こる。「知恵の光」と「感情の雲」と、こう言うたら一番よう分かる。知恵は光、感情は雲なん。「もうお盆やから、いつも世話になっているよってに、お中元《ちゅうげん》を持って行かんならん」というのはこれ光なん。「それなら何にしようか」と言うたら、「何かデパートへ見に行ってきたらどうや」「それもそうやけど、方々、遠方から来た箱がたんとある。この中でよさそうなのを上げたらどうや……よそから来る物は日の持つ物を下さる」……これ知恵ですね。

どうせ中元やから、あちらからも、こちらからも貰われるよってに、その日に食べてしまうというような物を上げるより、日の持てるのがよかろう、郵便で送ってくるのやよってに、よそから来る物は日持ちのいい物をくれる。「町で今来るときに買うてきました」と言うのは生《なま》のお菓子を下さる。すぐに頂いたらいいけれども、「いいお菓子やな」と言うて棚へ載せておいたら、今度あけたらカビが生えてたということになる。それはどこにもあることや。珍しいことやないね。

ことにカステラというのは昔は桐の箱に入ってきた。「いいお菓子やな、こんなん家で頂くの勿体ないよってに、これはお客さんの来られたときに切ろうやないか……」そう考える。ところがお客さん、あいにく来られへん。「まだ来られんな、そんなら家で頂こうか」……そんなこと言うてる間に日が経つ。今度お客さんが来られて、ふたをあけてみたら、中から煙が立って、カビが生えたる。そんなことがある。それは世の中によくあることやね。

何でおいしいお菓子にカビが生えたるかと言うたら、情のほうから来るからなん。惜しいな、勿体ないな、こんな箱に入ったるの勿体ないな……というのは感情から来る。お菓子早う食べなカビ生えたらあかん……というのは知恵なん。家で頂くの勿体ない……というのは感情なん。知恵やあらへん。そやよってに知恵は光なん。感情は雲なん。雲が出てきたら光が隠れる。

そやよってに、ごてごて家でするのは、お父っつぁんが雲になるか、おっ母さんが雲になるか、考えてみられると一遍に分かる。光があったかて、雲が出たら雲が勝つ。家の中で光の人と雲の人とあったら、どちらが勝つかと言うたら、大抵雲のほうが勝つ。それはどんなことかと言うたら、人間は知恵があったかて、感情が強かったら感情が勝つということ。

その感情というのはどんなんかと言うたら、分かりやすう言うたら好きと嫌いなん。今の話が一番分かる。「これ上げたらどうや」「あんな人にこんないいの上げたら、あかん」と、こない思う。これは皆さんのことやあらへんで。世間一般の話なん。「こんないいの上げたかて、分からへん」こない言う。それは知恵ではない。感情なん。好きな人やったら「分かっても分からいでも構《かま》へん。これ上げたらいい」……これ感情なん。嫌いな人に上げると言うたら、「それは勿体ない」と言う。これ感情なん。その感情というのは、雲みたいなものやよってに、何どき黒雲になるやら白雲になるやら分からん。

このように人間には知恵と感情と二つある。皆さんの心の中に二つある。それはよう考えはったらいい。自分の分だけ大事にして処理して、人の物はさわりもしない。着物をたたむとき一緒にたたんで上げたらいいのに、「それは向こうのやから、あかんあかん」と、自分のだけ丁寧にたたんでしまう。それは知恵やない。感情なん。

そやよってに家の中のこと、親から子のすることを見たらよう分かる、子供は自分の頑《おも》具《ちゃ》だけ大事に抱いて持っていく。他人のは何があったかて知らん顔していく。こんな小さい時分から感情が強い。いい土産を貰うたら、放さんと両手にかかえて喜ぶ。気に入らんだら「フン」と言うてあっちを向く。教えないでも感情が強いということが分かる。それは宿世《しゅくせ》の因縁なん。

しかし、皆がそうということではない。ここ(清水寺)へ来て下さるようなお方は、そんなことはない。上等の上等や。ここへ来ぬ人は感情が強いと、こう思うてたら大体間違いないね。それは何でかと申すと、ここへ来ない人は、「仏さんの話を聞いたかて得にならへん。それより寝てるほうが得や」こない言う。「そんな話なんて、わざわざ東山まで歩いてきて、何の得になるのや……それより昨夜《ゆうべ》遅かったよってに、八時まで寝てるほうが得や」……これは感情がそうなん。「いやいや、もう毎年のことやよってに、おれは一遍も休んだことないのやよってに、おれが行ってやらな始まらん」と、これはいいほうの感情なん。

さあ、感情が勝つか、知恵が動くかと言うたら、来てもらうのでも感情が動く。話す役者が並みやおろそかなことやないわね。皆を怒らしたらいかん。「偉そうにやりよって、もうやめておこうか」と言われたらかなわん。それで「ここへ来られた人は上等で……」こない言う。これ、方便《ほうべん》というね。そない書いたる。「方便力《ほうべんりき》を以ての故に……」と書いたる。これお話するのにも汗かいて、並みやおろそかなことではない。これは人間の世界なん。人間の世界の心の中に知恵と感情がある。知恵が先に立ったら、難儀がらへん。感情が先に立ったら、あっち行き当たりこっち行き当たりして向こうへ行けぬように、通らぬようになるの。それが人間の難儀さなん。

そこで衆生界の話をするというのは、難儀をつくるのは誰かと言うたら、感情が難儀をつくる。これは困った、これは悲しい、これはどないしよう……というのは誰がこしらえるのかと言うたら、感情がこしらえる。それを分解するのが知恵なん。それはこうやったらいいのやというのが知恵なん。どうしようかしらん、どうしようかしらんというのが感情なん。知恵が働かん。それでいい物を見たら欲しゅうなる。人のいい物見たら欲しゅうなる。人の立派なの見たら感情が動いて、「いいな、いいな」と言うたら、次に「欲しいな」と、こう出る。「いかんな」と見たら、「あんなのしゃあないな」と、こう出る。それで好きな物は取ろうとし、自分の物にしたいというのを欲《よく》という。「人間に欲のない者はない」と言うのは、そういうことなん。

その欲にいろんなものがある。それは人々でみな違う。そして好きなものは大事にしようと思う。嫌いなものは破ってほかそうと思う。これはよう分かってますわね。それが自分だけのことやったら自分だけで済むけれども、それを延ばして、感情を家の中いっぱいに働かしたら、家の中に好きと嫌いができてきて衝突をする。普通の罪悪というものは、自分を中心としてやるよってに、国家社会まで及ばない。それで、その感情で自分の思うとおりにやったら、それを罪悪という。

泥棒が入るのはそれなん。物盗りに入りよったんやから、欲しい物を上げたら怪我をさしよらん。「お前が欲しいかしらんが、おれも惜しいわい」こない言うたら、手ぶらで帰れへん。せっかく入って、どれも惜しいこれも惜しいと言うの一々きいてたら、手ぶらで帰らならぬ。手ぶらで帰っても捕まえられたら不法侵入罪になる。そやよってに、泥棒は盗らな帰りよらん。それで怪我さしたり殺したりして盗る。こうして罪をつくる。ですから世の中の罪悪というものは「好き」と「嫌い」からできる。嫌いやったら、殴ったろう……それでもまだ気に入らなんだら、火つけて焼いたろう……と罪をつくる。

ところが、この世の中の法律というものは、証拠がなければその悪いやつを押さえることできん。五年も十年もかかって裁判をするのがそれなん。そんなもの待ってられへん。いつ埒《らち》があくのやら分からへんというようなことでは、こっちが死んでしもうたら、どないもならぬ。そやよってに政治に任せる、法律に任せると申しても、知恵が仕方ないなと思うても、感情が承知しない。それが人間の世界の悩みなん。これは因果から来るから、事件の大小、事柄によって原因が結果になる間に時間がかかる。

青の洞門の話

少し話は飛ぶけれども、仏法がいつも因果《いんが》というのは、それを言う。難儀な目に遭い、いい目に遇うのを結果という。それはただでは出てこない。必ずそうなるべき道行きがある。それが原因なん。そしてなったのを結果という。原因と結果やから因果になる。その原因を結果にならしめるというのが縁《えん》なん。その縁に良縁と悪縁とある。いい心の人でも悪縁に誘われたら悪人になる。悪い者でも良縁に誘われたら立派になる。

耶馬渓《やばけい》の「青の洞門《どうもん》」の話がそれや。禅海という坊さんがまだ侍であった若いときに、東北で友達を殺した。人殺しをした。しかし、法律が不完全やから捕まえられへん。東北で人を殺して、流れて九州まで行ってしもうて、法律の手が動かへん。悪かったら悪いなりで死んでしまいよる。ところがこの人は仏縁があって、人を殺して悪いことをした、死んだ者は帰りよらんけれども、何かいいことをして罪滅ぼしをせないかんと、この縁《えん》に引かれて青の洞門へ行った。そこは皆が山を越えるのに登らんならぬ難所で、ここにトンネルをこしらえたら大ぜいの者が助かるよってに、これをこしらえようという発願をした。それからノミとツチとを持ってやりかけた。そんな坊さん一人が山に穴をあけるというようなこと、夢にもできることやないわね。

そうしたら、殺された侍の息子が敵討《かたきう》ちに出る。親を殺されたというので、探しに出て、それが何年かの後に噂《うわさ》を聞いて耶馬渓で出遇うことになる。それで話をしてみたら、やっぱりそのとおりや。そのとき禅海は、「お前は難儀して親の敵討ちに来たのやから、おれの首を切ってくれ。しかしわしは、その罪を懺悔するために頭を剃《そ》ってこないになって、洞穴をあけたいと思うてこれをやってんのや。殺してくれるのは結構やけれども、も

禪海穿洞圖

うしばらく堪忍してくれたらここに穴があくのやよってに、それから殺してくれ」こない言うたら、「よう話は分かった、それなら私も手伝いましょう。一人でやるより二人でやったほうが早いよってに、私も手伝うてやる」と、殺される人間と殺そうという人間と二人寄って穴をあけている。

その間に時間が経つ。だんだんと穴があいていく。ついに穴あいてしもうたら、その二人——殺そうという人と殺される人とが抱き合うて喜んだ。「とうとう目的を達して皆が通れるようになって、こんな有難い、嬉しいことはない。さあ、切って殺してください」と言うたら、殺しに来た人が手を合わせ拝み、もう恩讐《おんしゅう》平等で、共に喜んで、殺す気がないようになってしもうた。……それが「青の洞門」の話なん。

天地に通じる信仰

そやよってに、人を殺したような悪因果でも、縁《えん》がよかったらそれが変わってくる。いい因果であっても、悪縁に誘われたらそれがまた悪うなってくる。そのいい縁をつなぐのが仏さんの仕事なん。そやよってに、方便というのはそこから出てくる。この場合はこうせないかん、この場合はこうしてやったら道がついてくる、この場合はこうやってやったらというのが、仏さんの目に見えぬこの世界に立って仕事してられる願なん。仏さんがここにいられるというのは、そういうわけなん。そんな山の奥やない、この世の中いっぱいにいられる。光と光が邪魔にならぬように、光と光、百つけたかて邪魔にならぬように、仏さんと仏さんがいられたかて邪魔にならへん。その世界にわれわれがいる。それで、人間がどんな善根を積んでいるか、どんな悪業を積んでいるかと言うたら、今言うような感情から出てきて、嘘《うそ》を言うたり、ま、早う言うたら強い者と弱い者とできてくる。

同じ人間であって偉いのとあかんのとできてくる。強い者が勝ちよって、弱い者が下敷きになる。いま人間は平等やけれども、昔は強い者には勝たれへん。一生下積みにならんならん。そこで強い者が力に任せて気ままできる。しかし、弱い者はもういつも苦しむばかりで死んでしまわんならん。昔の旧幕時代の百姓は米を食われなかった。粟やら麦やらひえ食うて米こしらえて、そして殿様にみな上げてしまう。百姓というのは油しぼるのと一緒で、よけいしぼるほど出てくると言うて、みな取ってしまう。旧幕時代はしぼられ抜いて、骨と皮とになって暮らさんならんかった。世の中がそれやから仕様がない。

今日の日本人は平等で上下がないのやよってに有難い。それでも強いのと弱いのがある。このごろは例えば公害というのがある。悪い煙をどんどん吐きよる。今日は少しましになったようだが、伊勢の四日市。春に青い空なんて見えないことがある。煙突から黒い雲がずっと棚《たなび》引きよったら、下にいる弱いのは黒い煙ばっかり吸うている。それですぐ喉《のど》が悪うなる。いま新聞やなんかで公害々々と言う。大きな会社が化学薬品を使うて、廃液を川へ流す。そうすると、その廃液の毒が魚にまでうつったる。この間、新聞に出たったように、瀬戸内海の魚に頭やひれの欠けたのができる。海の魚にまで毒が入って、頭やひれの欠けたのができてくる。それは何ぼタイや言うたかて、そういうタイはかなわんわね。それで公害々々と言うてやかましゅうなった。分かったったかて会社の利益に代えられぬというので、黙って煙を出す。更に騒音公害やと規制がやかましい。公害や公害やと言うていながら流れていく。弱い者が助からぬ。

そやよってに、皆がしっかりせないかぬ。正しい知恵で物を判断して、感情で判断せぬようにせないかぬ。感情というのは雲みたいなもので動くの。その正しい知恵を固く持って頑張る。その力をどこに求めるかと言うたら、それが信仰なん。人間を正しゅうして、正しい人間の意見は天地に通じると、こういう信仰に立たないかぬのやないかと、これが現在の日本の平たい情勢なん。これを助けるのは、神さん、仏さんがおられるのやけれども、神さん、仏さんは直《じか》に仕事できない。人になって働かないかん。人を助けるときは人になって仏さんが出てこないと、できない。そやよってに人間が神さんに代わり、その仕事をする、……こういう人間が出てきたら、神さん、仏さんが手伝うて、それならやれと、こうなってくる。

一番先に何が問題かと言うたら、これはこうあるべきである、こうなければならぬという知恵がしっかりして、自己を捨ててしもうて、この国のため、この社会人類のため、子孫のためにこうせんならぬと、これから出発せないかん。この日本の今の空気から言うて何が大切かと言うたら、やはり勤倹力行せないかん。そういう気持ちになるということは、個人の感情を捨てて正しい知恵によらないかん。その知恵はむろん教育の力も必要であるけれども、信念を固めるという一段になったら皆が信仰でひとつ頑張ってもらわないかん。

これが今回の衆生界の話なん。これから次に何が入るかと言うたら、それならどないしますねという、皆が仏さんの弟子になって、神さんの弟子になってこういう行をしてもろうたら、日本がこのまま極楽になるという、その仏さんの工夫が次に出てくる。何も日本の今日をお経に書いたるのやあらへん。これは二千五百年前の話が書いたるのやけれども、事は同じことで、この日本のこの弱い者がいじめられているこの状態を救うて、皆が極楽の生活に入るというのは、こういうぐあいにすれば極楽の生活に入れる……というのが、この次に出てくる。皆が信心して一生懸命に自分を捨てて働くという話をします。

第四講

阿僧祇劫《あそうぎこう》に於いて
常に霊鷲山《りようじゆせん》　及び余《よ》の　諸《もろもろ》の住処《じゆうしよ》に在《あ》り
衆生劫《こう》尽きて　大火に焼かるると見る時も
我が此の土《ど》は安穏《あんのん》にして　天人常に充満せり
園林諸の堂閣　種種の宝をもって荘厳《しようごん》し
宝樹華果《ほうじゆけか》多くして　衆生の遊楽《ゆらく》する所なり
諸天天鼓《てんく》を撃《う》ちて　常に衆《もろもろ》の伎楽《ぎがく》を作《な》し
曼陀羅華《まんだらけ》を雨《ふ》らして　仏《ほとけ》及び大衆《だいしゆ》に散ず
我が浄土は毀《やぶ》れざるに　而も衆は焼け尽きて
憂怖《うふ》諸の苦悩　是《か》の如く　悉《ことごと》く充満せりと見る

人間が一番こわい

前回お話したように、このわれわれの世界を衆生界という。皆が生きているところを衆生界というのです。界というたら社会のこと。衆生が皆寄って生きていると、弱いものをみな食う。強いものが弱いものを食う。何で衆生界が苦かと言うたら、強いものが弱いものを食べてしまうからなん。昔も今も同じことです。しかも強いものが少なく、食われるほうが数が多い。それは何でもそうですわね。世界中の人間が海からお魚とって食べる。そのお魚にも、小さな雑魚みたいなのがいる。海の中でこんなん、どないしてとるのかいなと思うけれども、やはり人間が食おうと思うたら、どないかしてつかまえて食ってしまう。

何でも見たら、食えぬかいなと、こない思う人間が一番こわい。何でも食べてしまう。食えぬようなものでも、人間はデンデン虫見ても食べてしまう。ナメクジ見ても食べてしまう。カエルもヘビも食べてしまう。まごまごしたら、カメなんていうのは薬になると言うて食べてしまう。カメなんていうのは、そないにいない。それで、ヘビの皮むいて干して、カメの代用品で食わせてしまう。「それヘビや」言うたらかなわんけど、カメは精薬ということで、カメの骨食うたら精力がつくという話なん。生薬屋へ行ったらカメの干したのが吊ったる。「それ薬や」言うたら、人間何でも食べる。鳥は人間の姿を見たり、足音を聞いたら飛んで行ってしまう。そら、食われると思うのやね。魚は人間の足音聞いたら、ソラ来たというので隠れる。キツネでもタヌキでも、人間はとって皮むいて、皮使うというので、夜さりよりよう出てこない。昼見られたらかなわん。

しまいに人間が人間を食ってしまう。人間はすぐに食われへんわね。みんな土食うて大きなるのやけども、鳥やとか虫やとかいうのは土を直《じか》に食べる。ニワトリの卵からかえったのはチョイチョイと土から稽古をする。大きくなったら土食わんと、土が野菜になったのを食べる。人間でも野菜になったのを食べる。土によって野菜が違う。これはゴボウ、これは芋、これは大根、これはニンジンと言うて、土によって植える物が違う。土の成分を野菜が食べる。その野菜をブタも食えば鳥も食うし、人間も食う。結局みな土を食うことになる。それだけで足らぬと、今度は人間が生きたものを食べる。

それでもまだ足らなんだら、人間が人間を食べる。……どないするかと言うたら、子供はおやじの臑《すね》をかじる。直にかじられへん。おやじを働かしておいて、それを米につくり直して食べる。子供は皆おやじの臑かじり。赤ちゃんはお母ちゃんをかじる。赤ちゃんに食われていく。あんまり大ぜい子を産んだら、お母ちゃん、骨と皮とになる。つまりいいところをみな子供に食われてしまうのやね。

もっとひどうなったら、人を殺して食べる。戦《いくさ》に関係の人はよけい殺したり、よけいうまいものを食べるのやね。逃げてばかりいたらうまいもの食べられへん。そやよってに人間が人間を食う。こういう世の中やから、皆が不安で心配で憂うつで、「かなわんな、かなわんな」こない言う。それはそうなる因縁がある。それがかなわん。

安穏が一番の楽しみ

そこで、今回の話――仏さんはどんなところにおられるのや言うたら、仏さんのおられるところは安心で穏やかなところなん。安穏というたら安心で穏やか。この二字で安穏になるの。この安という字がいい。日本語で言うたら「安い」と言う。一番何がいいのかと言うたら、安いのが一番よろしい。何ぼようても高かったら「かなわんな」と言う。「安いよってに、かなわんな」とは言わへん。安いのが一番いい。生活でも安らかに生活するのが一番よろしい。何も無理においしいもの食べんならんということはない。

考えたら、おいしいものということがまた問題なん。珍しいものは何でもおいしい。苦《にが》いものでも辛《から》いものでも、初めは「ちょっとうまいな」こない言う。「お気に入りましたら、もっとどうぞ……」と言うて出されたら、もうかなわん。それはカボチャでもナスビでも、出たときは「珍しいな、初ナスビの初ちぎりやな」と言うて喜ぶ。ところが朝がナスビで昼がナスビで晩がナスビやったら、「また出てきたな……」こない思う。初め一遍はいいけれども、始終出されていたら、「もう何ぞ変わったものを……」と、こない思うわね。そやよってに、この世の中にうまいというものはあらへん。うまいというものがない代わりに、うまくないものもあらへん。何でも珍しいものやったら、みなおいしい。そやよってに、よう考えたら文句言うことない。よけい食べるよってにうまくないだけで、ちょっとやったら、みなおいしい。

七味トウガラシ、あんなもの辛うて、ねぶられへん。それなら何で七味トウガラシを何百年も売ってられるのかと言うたら、そのちょっと辛いのが何とも言えんのやな。あれでも好きになったら漬物にかける、お汁にかける、煮物にかける。「あのピリッとしたのが出てこんと、こたえん」と言う。それならご飯にトウガラシかけて……と、そうはやっぱりいかん。珍しいものやったら何でもごちそう。珍しゅうなかったら、ごちそうにならん。「初めてお目にかかりまして……」と、こない思うてたら、みなごちそうになる。けど、人間はそないわたしの言うようにいかへん。わたしがよういかへんのやよってに……。言うたら叱られるよってに言わへんけれども、出てくると、品物に対して「毎度お目にかかりますな」と、こない思うて頂いてます。

ところが、仏さんの世界は極楽やという。結局「楽」というのが有難いのね。どんなところが楽かと言うたら、この仏さんのところは安らかで穏やかだという。この穏やかというのがいい。それはどんなんがいいかと言うたら、今言う食べ物の話でも、「早う食べ、早う食べ」こない言われたら、せっかくのごちそうがおいしく食べられへん。「どうぞ、ごゆっくりとお上がりください」と言われたら、落ち着いて食べられる。その「ごゆっくり」というあいさつが穏やかなん。「どうぞお楽になして、ごゆっくり」と言うたら安穏になる。ごちそうやなくても、それでおいしい。早う食べてしまわなどんならん、次はこれで、次はこれと、西洋料理みたいに、待っていてお皿持って行かれたらかなわん。

西洋料理の初め、やっぱりそんなことがあった。わたしの知っている人が、いつも日本料理で並べてチビリチビリやっていて、あれをねぶり、これをねぶりしていた。日本のは真ん中が酸うて、こっちが辛うて、こっちが甘うてというふうに並べたる。その人が初めて西洋料理の席へ行って、チビリチビリ食べて楽しんでいたら、まだ半分くらい残っているのをスーッと持って行かれた。「ああ、まだ……」と言う間もない。そやよってに、次のが出てきたら、「ソラ来た」と言うてワッとかぶりついたという話なん。もっとひどいのは、立ったなりで飲み食いする。それは大ぜいやったら、そうせんならんけれども、食べた後から考えたら、なるほどあれだけ食べたらお腹が大きなるはずや……ということになる。お腹が大きなるようなことも分からへんの。家へ帰って、やっぱりお腹が大きなったなと思うの。それでは安穏にならへん。「どうぞごゆっくり、何にもないけれども、どうぞお茶でも……」と言われたら、それでいい気持ちになる。

生活は何が一番楽かと言うたら、安穏なのが一番楽なん。そやよってに、よそでごちそう頂くより我が家のお茶漬けがいいというのは、何もお茶漬けがいいことあらへん。ゆっくりした気分で頂くのが安穏なん。気兼《きが》ねのうて安穏なん。わたしがよそへお客に行って、わたしら気ままで遠慮なんかしませんけども、お給仕に三人も四人も後ろに立って待ってられたら、それはもう胸に支《つか》えて頂かれへん。気楽なところへ行ったら、「どうぞ放っといておくれなはれ、好きに頂きます」と言う。それは安穏であるところが楽しみだからなん。それで「我が此の土は安穏にして」やね。家へ帰って、垢や汗のついた着物を着てドッカと坐ったら、「やれやれ、今日はえらい目に遭うた……」こない言う。「何言うてなはんね、よばれに行って、いい目に遇うて来られたのに……」「それはそうやねけども、大ぜい前に坐ってられたので、大きな口もあからへんし、それはもうえらい目に遭うた……」こない言う。やってみやはれ、そのとおりやね。

人間の一番いいのが楽しみなん。その楽しみがどこにあるかと言うたら、極楽にあるの。人間同士でも、岡山に「後楽園」というのがある。それから彦根に「楽々園」というのがある。水戸まで行ったら「偕楽園」……みないいところには楽という字がついたる。

それはどんなんかと言うたら、お経にこう書いたる。木が植わったって、池があって、その間に建物がずっと並んだる。「園林諸の堂閣」と言うたらそれやの。「種種の宝をもって荘厳し」いろいろな宝で荘厳したる。それが絵に描いたるのが、あの「浄土曼荼羅《まんだら》」つまり中将姫の「当麻《たいま》曼荼羅」がそれです。建物があって、木があって、隅々には風鈴が吊ったって、いろんなものが並べたる。『阿弥陀経』にも阿弥陀さんの極楽が書いたる。今言うとおり建物があって、木があって、鳥がいて、迦陵頻伽《かりょうびんが》が鳴いていて、池には八功徳水の水がたたえられ、そこに五色の蓮が咲いたって、天から曼陀羅華という花がずっと降ってくる。それから風が吹いてきて、木と木との間が風と風とで揺さぶると、念仏・念法・念僧の声がある。気に入らぬような嫌《いや》なものは一つもないし、何とも言えぬ阿弥陀さんの極楽が書いたる。そしてこれは功徳によってでき上がった荘厳やと書いたる。阿弥陀如来さんの功徳によってできた極楽やと書いたる。『阿弥陀経』には阿弥陀さんの極楽が書いたるし、どのお経でもみな仏さんには仏さんの極楽がある。いま、お釈迦さんの極楽がそのとおりに書いてある。何でそんな極楽があるのやと、それが書いてある。

人間に生まれた有難さ

阿弥陀さんや仏さんは何でみんな極楽を持ってられるのかと言うたら、長い長い間、自分の身を捨てて、自分を忘れて人のために働かられた、その功徳というのがその極楽をつくる。それをどう申したら皆さんによう分かって頂くかと言うと、今申した「後楽園」を殿様がつくられた。殿様でない人が立派に出世をして、家をこしらえて、庭をこしらえて、燈籠を建てて、石を並べて、立派な家をこしらえる。それが何でできたのかと言うたら、若いときから働いてお金を残し、まあこれで安心やというときにそれができて、そしてどないするかと言うたら、できたらお客さんを呼ぶ。親類やら知己の人たちが皆来るのやね。そしてお客さんが来て楽しんで喜ぶ。いい座布団敷いて、そして蒔絵のお膳でごちそうが出ると皆が喜ぶ。そして「一ぱいよばれたので謡《うたい》うたいましょうか」という人もある。こっちのほうで「わたしひとつ、月が出た出たやりましょう」「それならわしも、酒は飲め飲めやりましょう」……それ喜んでやるのがお客さんで、それならそんな立派な園林諸堂閣ができて、その真ん中で亭主が坐っているかと言うたら、亭主は隅の小さな部屋の中で小そうなって働いている。人間がそのとおりやね。そして今言うように、後楽園にしたかて、偕楽園にしたかて、殿様は毎日来られない。年に一遍くらいより来られない。あと出入りして誰が喜ぶかと言うたら、藩の下にいる皆が来て喜ぶので、楽しむのは皆が

諸天擊天鼓常作衆伎樂雨曼陀羅華
散佛及大衆

楽しむ。人間がこしらえたかて、皆を楽しますためにしているのね。

お寺でも、こうして園林をこしらえて、座敷をこしらえてというのは、何も大和尚が真ん中であぐらかいているということではない。こないして襖《ふすま》を外して掃除して、縁を拭いて、花屋が来て庭の掃除してくれてというのは、何もかも皆さんに来てもらうのを待ってるためですわな。そして皆さんが来て「いいな」と言うてもろうたら、「ああよかったな」と言うて喜ぶ。それで雨降ると難儀なん。家にいる者は雨降ったかて濡れへんので、難儀やあらへん。何で雨がかなわんかと言うたら、皆さんに来て喜んでもらおうと思うているのに、雨降って濡れたら皆が難儀やろうと思うので、雨降ったらかなわんの。

人間でもそうなん。ましてや仏さんの極楽はそれが長い。長いよってに、よけい資本がたまったる。そやよってに仏さんの境内は木があり、建物があり、いろんな道具立てがあり、その果報によって花が降る、鳥が歌う、天人も出てきて音楽をやる、伎楽をやる。それを写したのがあのお寺の法事なん。中国の風して舞楽をやる人がある。朝鮮の音楽が入ってきて、笙《しょう》ひちりきが奏される。そして坊さんが花をまく。あれは何をしているのかと言うたら、極楽の写しをやっている。坊さんが入ってこられるときでも、音楽が鳴ると坊さんがいい衣を着てずっと出てこられる。それからお経があって、音楽があって、舞楽がある。それが済んだらまたお経があって、舞楽がある。ここに書いたる極楽の景色《けいしょく》を人間の世界にするのが法事なん。そやよってに極楽が何ででけたるかと言うたら、今言うように功徳荘厳なん。

そこで、人間が仏さんの真似できるというところに喜びがある。極楽までの大きなのは写すことでけへんので、自分の腕の限りをつくして庭をつくり、座敷をこしらえて、知り合いの人に喜んでもらうという、それは贅沢《ぜいたく》でもあらへん。そんないい真ん中で坐ってられたら贅沢なん。自分はネズミの巣のようなところで小そうなっていて、お客さんに喜んでもらうというのがいいところや。そやよってに極楽の真ん中で阿弥陀さんはあぐらかいて坐ってられへん。極楽をこしらえて、皆に来てもろうて喜んでもろうて、そして自分は何万年の間あっちで話をしたり、こっちで何やら言うたりして働いている。その阿弥陀さんのとおりに人間が皆やっている。そやよってに人間に生まれてきたことが有難いということは、仏さんが極楽を開かれたとおりに人間がやっているからなん。

昔はなおさら、先祖から仕上げられた財産を使うてしもうたら勿体ない、家の財産は残してやらないかん、自分の腕で働いただけは使うていいけれども、家の物は子孫に残さないかん、という考えが強かった。そやよってに、仏さんの極楽では、後の仏さんが出られたらその功徳荘厳を受けて皆に喜んでもらうようにまた働く……と、お経に書いたるとおりに、日本の人が皆やっている。信じても信じないでも皆やっている。力一ぱいにいい座敷をこしらえて、お客さんをして、皆に喜んでもらっている。

力がのうて別荘もできぬし、何にもない者はどないなるか。お天子さんやったら桂離宮というのもあるし、こっちに紅葉の離宮もあるし、箱根にもご別邸がある。そんならお天子さんがそこへ来て遊んでられるかと言うたら、遊んでいられない。そこでいい塩梅《あんばい》になる人は外国から来たお客さんとか、こちらで呼ばんならぬ人を呼ばれる。お天子さんでもいい座敷をこしらえて、その真ん中で坐ってはおられん。下々《しもじも》でもやはり自分が働いて、家族やら知り合いやら皆の者が喜ぶようなことをしてやらんならぬ。これは何かと言うたら「平等利益」なん。平等という知恵なん。

それで、話を整理して言うと、人間に生まれてきたということを喜ばんならぬ。平等性ということを知っているというのが偉い。その知恵を持っているのが仏さんになるという証拠なん。畜生道に生まれたら、平等ということあらへん。自分だけ。親も兄弟もお師匠さんも世間も何もない。恥も外聞も何もあらへん。ただ自分の思うようになったらいい。食べ物がなかったら、土食うて、欲しいな欲しいなと思うて暮らさんならぬ。そういう社会へ陥ったら餓鬼道の苦しみを味わんならん。家の中で養われた鳥とか犬やったら、養われたという功徳に恵まれたるので、食うことに心配あらへん。養われぬ動物は拾わな食われへん。いつ野犬がりが出てきて命を取りよるやらわからぬ。家に飼うてもろうたら命の心配はないし、食べ物の心配はないから、お日さんの当たったるところで横になって、昼の暑いのに石の上で寝てられる。それはみな因果の果報が違う。

人間には生まれにくい。何千億という生きたものが衆生界にはいる。何ぼあるともしれぬ、読むことできぬという数を河の砂に喩えたる。その中で人間は数えるほどよりあらへん。四十億とか四十二億というだけより人間あらへん。数読めるのはわずかにこれだけよりあらへん。その数読める中に人間らしい生き方をしているのと動物と同じような生き方をしている者とがある。いろいろなものが住んでいる。女も男も丸裸で生きている人間がまだある。

立って歩くだけが人間や。それがテレビにも出たそうな。わたしの耳に残ったるのは、それに人間らしいところがどこにあるかと言うたら、その意思で食べ物をこしらえて食べることを知っているのと、草の花を裸でいる娘が頭に差しているということだそうな。動物には猫でも犬でも花を頭に差すということはでけへん。人間の恰好《かっこう》をしているだけで花を喜ぶ、それで飾るということができる。それが功徳なん。

ですから仏さんが極楽をこしらえられるというのは、その功徳が積もったら極楽ができる理由になる。人間でも善いことを積んでおかれたら終いは極楽になる。そこで極楽の荘厳というものができてくる。

三衣一鉢の境界

人間のわずか五十年や八十年の間に、仏さんのような極楽の世界なんていうものはできるものではない。そこで楽という字に中心を置いて、……どんなところが楽かと言うたら、あっても楽、無《の》うても楽、それが人間の持っている知恵なん。知恵があったら物を並べいでも楽になる。無うても楽になる。知恵のない者は物を並べないかんと思うてられるけど、そんな並べたというたら動きもどないもならへんわね。何にも無うても楽しめるという、それが仏さんの知恵なん。それが一番上等なん。あって楽しめるのは分かるけど、無うて楽しめる。

わたしの境遇を歌うて、こんな偈をつくってみた。「我岩頭に坐す」――こう初めにやった。岩頭というたら座敷でも極楽でもあらへん。岩の上のほうに坐っている。家も座敷も座布団も何もないところを言うのね。持ち物も何もあらへん。貧乏の一番底なん。ところが、そこで心を修めていると、「諸仏同参」と、こう来た。心を静めて安穏の世界にわたしが入っていると、仏さんが皆そこへ来て同じように坐っていてくださる。仏さんは目に見えへんけど、導いてくださる。それが仏さんの慈悲なん。光が来ている。お日さんの光、お月さんの光、星さんの光、親の光、お寺の光、法律の光と、お互いの安穏の生活は皆の光の中にいるので安穏なん。ひとり道歩いても何で恐いことないのかと言うたら、法律が守ってくれているからなん。何で家に物があったかて盗りに来られぬのかと言うたら、法律が守ってくれているから。そやよってに人間に生まれた者には、神様から仏さんから親類からお医者さんから八百屋から米屋から法律から、みんな寄って、わたしが生きるために光を与えてくれている。わたしが「裸でいる」と言うたかて、ぐるりから「裸でいたらあかん」と言われる。

もっと細こう言うたら、わたしらの生活というものは贅沢できないのが約束なん。三衣《さんえ》一鉢《いっぱち》というて、働く衣と仏さんの前に行く礼儀の衣と、もう一つ下の衣と、この三つ衣があったらよろしい。普通の人で言うたら下着と羽織一枚あったらいいと言うのと同じこと。そして一鉢というて、お腹がすいたらいかんというので昔は鉄鉢一つもらう。それで町へ出て托鉢に行くと、そこへご飯を入れてくださる。それ以上は食べへん。そのくらい何にもない生活にいるというのは、欲しがったらいかんということ。そして飾りつけたらいかん。昔は男でも髷結《まげゆ》うて立派にしていた。それをみな剃《そ》ってしもうて、飾りも何もあらへん。それから皆きれいな金銀で飾るけど、それもあかん。綾や錦の着物も着られへん。若いからと言うて色の着物を着るのもあかん。もう本当に木の葉の腐ったような黄色い色の一枚の切れ布で体を巻くよりあらへん。

そやよってに、そういう境界に安んじていたら、何も欲しいことない。あれも自由にできる、これも自由にできると言うたら欲しゅうなる。何にもでけへんと言うたら、欲しゅうならへん。たとえばお酒飲んだらいかんとなったら、誰が酒飲んでいたかて、欲しいことあらへん。飲めるのに飲めなんだと言うたら、けなるうなる。夏、四条の河原に行ってビールを皆が飲んでいる。飲まぬ者は、「何じゃいな、コップであんなものガブガブ飲んで、お腹が太鼓みたいや、まァいやらしいことやな」と、こう言う。欲しいことも何もあらへんわね。けど、一般の人は自由に飲むことができるので欲が起こる。

お寺の坊さんという環境に生きていたら、その欲を牽制されているの。そやよってに、なるべく欲を起こさぬようにするというのが定《き》まりになったる。それですから破れたなりでもよろしい。繕《つくろ》ったらいいの。そうすると皆が「だいぶ衣が破れているな」と言うて、誰か衣を持ってきて着せてくれる。袈裟《けさ》がちぎれるようになったら、誰かが袈裟をこしらえて持ってきてくれる。それが三衣一鉢の境界。

それはどんなことかと言うたら、人間が生きている以上は、必ず衣食住というものが人間という位についたるということなん。贅沢さえ思わなんだら、人間に生まれて食べ物も着物もなしに死んでいくということはあらへんというのが人間の徳なん。犬や猫に生まれ、たんと生まれたら「こんなん仕様ないな」と言うてほかす。けど人間の徳はほかされへん。そやよってに人間に生まれたというところに恵まれたものがついたるの。何でそれがつくのかと言うたら、前の世の因縁の中に徳が残ったるからなん。分かりやすう言うたら貯金が残ったるの。勤倹力行して貯金をして死んでしまう。そうすると、周りの人たちが寄ってきて「まあこの人は可哀そうな気の毒な人や、食う物も食わず、遊びにも行かず見物にも行かずに、こないして金ためて、一文も使わんと死んでしまわれた。えらい損な人や」一般の人間はそない言う。

けど、わたしら仏教のそろばんで言うたら、それはそのとおりやけども、そのお金の権利というものは誰の物でもない、死んだ人の物なん。死んだ人の判《はん》がなかったら、郵便局も出さなければ、銀行も出さへん。何で出さぬかと言うたら、権利を物言わぬ人が持って死んでいる。その権利というものはどないなるのかと言うたら、権利というのは目に見えへん力なん。そやよってに、生まれ変わったら、権利だけ持って出てくる。今度はお金有る家へ生まれてくるの。借金して死んだら、「あいつ、働かんと借金払わんと死によって、うまいことしよった」言うても、それは借金を負うて生まれ変わるのやよってに、借金のある家へ生まれる。それからウンウン言うて借金済んだら、また死んでしもうて、また借金のある家へ生まれていかんならぬ。それが道理なん。

そやよってに、善いことを貯《た》めて死んだら損やあらへん。それを持って向こうへ行くのやよってに、貯めただけ向こうへ残ったるの。そやよってに仏さんの極楽が出てくる。何遍も生き死に生き死にする間に、権利だけ貯めて積んでおいたら、それで阿弥陀さんの極楽が出てくる。法というものはきちっと決まったものやね。知っているか知らぬかだけのことであって、法というものは昔も今もちゃんと決まったものやね。人が知っても知らいでも、善いことをしたら善うなるし、悪いことをしたら悪うなるし、人のために働いたらそのときは損やけども、それは残ったるの。それでお釈迦さんの因位の修行はみな命がけでやってられる。それが功徳になってお釈迦さんの極楽ができるだけやなしに、何千年後になって世界の人間から拝まれるというのは、ただやあらへん。

そやよってに、キリストであっても神道であっても、何百年も拝まれるというのは、ただやないの。ちゃんとそういう規則があって、約束があって、それで恵まれてくる。そのとおりに出てくる。そやよってに善いことをして損にならへん。法を聞かなんだらこのそろばんが出てこない。「おれだけ何でこないに働かんならぬのや」とか「おれだけ何でこないにえらい目に遭うのやろう」こない言うて怒るの。そうやあらへん。「有難いことには、みな徳をよう積まぬけども、わしだけ何でこない用事をたんとさせてもらえるのやろう、有難いことや、できる間はしておかなどうもならん」……それみな、ただやあらへんの。権利となって、仏教の言葉でいうたら功徳になるの。今の世間の通常の言葉で言うたら権利になる。その権利の多い人ほど屋敷を立派にしてお客さんをして喜べるの。

仏さんの極楽というものは、皆に嘘《うそ》言うたのでも何でもない、ちゃんとそろばんが出て、仏さんにちゃんと備わったるの。如来の位は如来の極楽があるの。菩薩の位は菩薩の極楽があるの。お互いはみな、自分の力だけの極楽があるの。なかったらないなりで極楽がある。そやよってに、わたしが今申すとおり、岩頭に立って、物が何にもあらへんけど極楽なん。

どんな極楽かと言うたら、「求むる所なく」……ああしてもらいたい、こうしてもらいたい、あれが欲しい、これが欲しいということは何もあらへんの。何が来たかて、雨降っても天気でも、寒かったかて暑かったかて、来るものが来るのやよってにと思うてますから、夏は暑いのが来るので、冬は寒いのが来よるのやと。それを受けていたらいいのやないか。そして「持する所なく、日々清風、日々好日」やと。

知恵があればこの世は安穏

生きて極楽、死んで極楽、何も無うても極楽があるの。その上に、初めに言うた寿命が長うて健康で、衣食住に不自由が無うて、家族が賑やかで、そして皆と一緒に面白おかしゅう暮らせる皆さんやったら、過去の善根の力がどんなであるかということがすぐ分かるのやな。それで昔から、「人身受け難し、今すでに受く、仏法聞き難し、今すでに聞く」と、この身今生において救う道を考えておかなければ、来世にどんな因縁に遭うか分からぬよってに、一生懸命に三宝に帰依せないかんと、こない教えられた。それが因果なん。因果にも早いのと遅いのとがある。生きている間に果報の来るのが早い因果。若いときの勤倹力行が生きている間に出てくる。大臣になる人もあれば、大金持ちになれる人もある。現在に生きている間に出てくる。それは分かるの。けど、死んで次に出てくるというのは法を聞かぬと分からへん。法を聞いたら分かる。次に出てこなんだら、また次、そのまた次と、何遍かの後に出てくるの。まかぬ種は生えぬよってに、まいた種は必ず出てくるの。そういうふうに因果には、現在に出てくる因果、次の世に出てくる因果、何遍も生き死にして後に出てくる因果の三つがある。

今年の夏に種まいて、秋に米ができる。今年まいて今年に実がなる。それは一年の間に因果があるの。この冬に麦の種をまいて、来年の五月に麦ができる。一年越して来年できるのがある。この一生に種まいて、来世に実るというのがそれに当たるの。また「桃栗三年柿八年」という。桃や栗は三年たたぬと実にならへん。柿の木は八年目に初めて食べられる実になる。「柚《ゆず》は九年の花盛り」……柚は九年目に実がなる。これは遅くなって出てくる例。

こういうわけですから、この世の中は皆法を聞いたらお互いの極楽が出てくる。分かりやすう言うたら、春の花見で「ああいいな」という、極楽の景色《けいしょく》にそれが書いたる。もうちょっとして柿の時分になったら、南山城へ行くと、葉がみな散ってしもうて、ツルの子という柿が花のようになったる。そして西日が当たって、その赤い柿の実が光ったると、玉のように見える。それでわたしは、

山城の野路を秋行けば

朱《あけ》の実照りて花よりもよし

という歌を詠んだ。それは花を見るより秋は秋の眺めがある。それが終わると、今度は紀州のほうへ行ったら、あの日高の辺の山がミカンで、それはもうまるで菊みたいに見えるの。汽車に乗って行ったかて山が菊の花が咲いたように見える。そやよってに人間は自分には何も物が無うても、知恵さえあれば人間の世界このままが、春も夏も秋も冬も、もう雪の景色でも窓越しに見ていたら、何ぼ降っても結構やな、こんな広い世界をこんなにきれいにするって、うまいことできるな……と思うほどきれいなの。

しかし、人間以外のものは喜ばぬ。それは功徳がない。福分がないの。人間だけ福分があるの。そやよってに人間は知恵さえあったらこの土が安穏であって、この土にちゃんと福分が備わったる。木と木とがすれ違うたら涼しい風が出てくる。梅の花が咲くとウグイスが鳴いてくれる。ホトトギスが出てくる。注文せいでも入れかわり立ちかわり舞台に出てきて鳴いてくれる。お経に書いたるとおりになる。桃が済んで、今度は柿の時期になる。もう注文せいでも黙ってたら、道歩いていたら山のように積んだる。

アメリカの物も来ていればアフリカの物も来ているし、ドイツの菓子も来ている。ドイツやアメリカに行ったこと無うても、これはドイツ製や、これはアメリカ製やと言うて、食う物でも何でも世界中の物が来たるの。見に行かいでもテレビで見せてくれる。ラジオで話して聞かせてくれる。家にラジオがなかったら、向かいの家も隣もある。何も仏さんの世界だけが極楽やと思うこと要らへんの。皆の世界がみな極楽やの。それに人間が素直でないだけなん。それが書いたるの。

それで、前に出てきたように、自我偈には、「質直《しちじき》にして意柔輭《こころにゅうなん》に」と書いたる。質直というたら、人間の本質のこころが正直でなければならぬ。それが質直なん。人間の意《こころ》が正直なん。人間の生まれたてがそれ。悪いくせ持った者は、前の持ち越しが悪いのであかんの。太閤さんみたいな前の持ち越しのいい人は関白さんになれる。石川五右衛門君みたいに悪い男は、生まれたときから悪いほうへ生まれているよってに、あの河原で釜ゆでにならねばならぬ。この世だけでそろばん立たへん。前の世からの宿世の力が善と悪に分かれてくる。悪の稽古したら悪の知恵が積まれる。

人間本来の性質は静かなん。こころの動いたのを意という。心という字もこころなん。気という字もこころなん。一番動かぬこころが心。「お前の本心はどうや」というのは動

我坐岩頭諸佛同参

かぬこころを言うの。「お前の意見はどうや」というのは動くこころを言う。それが形にあらわれたら気になる。「お前、いや気やな。お前、あっちへ行く気やな。お前は遊ぶ気やな。逃げていく気やな」みな気になったらはっきり動くから、顔見たら分かるの。

やわらかい意《こころ》の功徳

そやよってに人間の質直というものは、どんなものにでも勝てるの。子供と大人と話し合うて子供の勝ちになるというのは、その質直の力や。それは何ぼでも面白い話がある。子供の話で誰でも知っているのは、一休さんが素直に知恵がひらめいた話。子供の間から大人も負かすようなえらい知恵がひらめいて、真っ直ぐ出てきている。偉い人が「宗純という子供さんはえらい賢いというううわさやが、どんなんか一遍ちょっと顔を見せてくれ」と言うて、顔を見られた。そうしたら家来の者が、「お前、えらい賢いというううわさやが、このふすまに描いたる虎をくくれるか」こない言われた。どう返事するかと思うたら、宗純という小僧さん「はは、くくります」こない言うた。「それなら、ひもを持ってこい」と言うて、ひもを持たせたら、そのひもを持って、「さあ、そっちから虎を追い出してください」こない言うた。子供の勝ちなん。子供の素直なというのはどないもならぬ。もう一つおかしいのがある。これは聞いた話やが、昔は人間の病気を治す術がなかなかできなかった。疱瘡《ほうそう》よりもっと悪い病気がある。男が道楽して花柳病の悪い病気にかかると、その毒で頭に穴があいたり、鼻柱が取れたりする。今そんな顔はないけれども、明治の初め、わたしらの幼少時分は村に一人や二人くらいはあったものなの。うちに毒を持って帰らはったら、嫁さんの鼻まで取りよるの。おっさんの頭に穴あいて、嫁さん鼻のないのがある。今はあらへんけど、百年ほど前には日本にはなかなかあったものなの。それが面白い話や。

どんなんかと言うたら、昔そんな人がいて、いつも話をしに来る。そうすると、その家のおっさんが心配をする。何でかと言うたら、鼻柱がないよって、子供がそばに坐っていてじっと顔を見つめている。おやじ、もう気になってたまらぬ。また来るということになったので、子供を呼んで「お前ナ、鼻のこと言うたらいかんのやで。言いなや、言いなや」と言うてきかせ、子供も「ウン、ウン」と言うてた。そうして例の人が来た。話しているると、子供のやつ、またそばに坐ってじっと顔を見ている。おやじはあない言うたるよって大丈夫やろうと思うてると、「おとっつぁん」「何や」「鼻のこと言いないと言うけど、鼻あらへんのや」こない言うたという話。子供の勝ちやね。言いさえせにゃ何でもあらへんのに、親が言うたばっかりに、子供はほんとのこと言うてしもうた。そやよってに、人間というものは自分が偉い人のように絶対に思われへん。子供のほうがみな負かしよる。人間は自分なんていうものはどんなものやら分からへんから、なるべく遠慮して控え目にしておかないかん。

それで、一番まともなというのが質直がいい。本質が正直であるというのがそれなん。しかし、ただ正直であっていいかと言うたら、子供はあれでいいのやけど、大人が世の中を暮らすときには、そんな子供みたいにはいかへん。そこでお経に「質直にして意柔軟《こころ》」と書いてある。柔軟というたら、やわらかということ。固いものは固いなりで、四角いものは四角の器やなけりゃいかんし、三角は三角の器やなけりゃ入らへん。水やったら四角に入れても、丸いところへ入れても、三角に入れても入る。やわらかというのが水の徳なん。

ところが人間が世の中を暮らすときには、皆が悟ってへん。皆の気持ちが違うから、行き当たりする。そやよってに世の中に出るときは向こうに合わせていくの。向こうの言葉を聞き、様子を見て、それに逆《さか》らわぬようについていくのが柔輭なん。それが菩薩の行なん。そうさえすれば家の中が安穏なん。お母さんに柔輭性があるか、お父さんに柔輭性があるか、……両方真っ直ぐやったら衝突する。片方に柔輭性があったら家の中が安穏になる。柔輭性が一人あったら、それが逆らわぬようにおさめていく。それが菩薩行なん。その柔輭というものが福分やから、健康になり、愛敬になり、福を招くことになる。福は招かいでも来る。意柔輭性があったら、物を真っ直ぐ判断して、この場合はこう言わないかん、このときはこうなけりゃいかんという。

それで初めに言うたように、人間の持っている知恵の中に正しいものを判断する、正体を見届けるという知恵を磨く。その次に後得知という知恵が出てきて、これをどうしたらいいかという知恵が後に出る。これが知恵の出てくる順序になるの。仏法を聞く者はそれを聞いていると分かる。仏さんは嘘言われない。けれどもお釈迦さんの説法は八万四千というが、ほんと言うたら一つよりあらへんの。八万四千は意柔輭なん。お釈迦さんが法を説かれるのでも、顔を見て法を説かれる。八万四千がみな成仏の一路なん。

それから話がもとへ返って、そういう心持ちで、意柔輭に坐っていたら、自分だけやない、諸仏がみな一緒にそこへ坐ってられる。仏さんがみな来てもろうているのに、お供えもせんと、花も上げんと勿体ないと、人間の意がそう動く。けれども、質直に真っ直ぐに受けたら、それがそのまま供養になる。どない供養になるかと言うたら、自然の天の花、自然の空気に流れたる匂い、春は春の匂い、秋は秋の匂い、人間は人間の匂い、花は花の匂い、どんなものにでも色と匂いがついたる。自然の天の色、自然の天の空気、その自然のものが供養になる。天華天香やな。それが供養になるから、不依一物——一物も無うてもそれでいいやないかと。丸裸で生まれて皆さんに供養してもろうて、一生いつまで行くか分からぬけれども行って、丸裸で死んでもろうたらそれでいいので、邪慳《じゃけん》な心を持ったり、欲の心、汚い心、人に見せられぬような心、人に言えぬような心を持っていたら、それは後の自分のさわりになる。

そういう柔輭性をもっと分かるように言うと、分別のない者は、先に出てくるものを当たりという。その次がさわりやの。当たりさわり、この二つある。それで、人を使いにやるときにそれを言う。「向こうへ行ってこう言うのやで、当たりさわりのないように」

と。この柔輭性がなかったら、当たったり、さわったりする。質直意柔輭というお経の言葉を人間の言葉につくり直したら、当たりさわり。もう一つそれがきつう来たら祟《たた》りという。「お前、そんなこと言うたら祟《たた》りが来るで」こない言う。そのお返しがくる。柔輭には祟りのお返しは来ない。けど、きつう言うたら祟りの言い返しが来る。反動が来る。やわらかい水でも叩いたら立ち上がってくる。それを祟りという。

　それからもう一つ、あやかしという。あやかしというのは甘えかす、それをあやかしという。向こうへ行っていいこと言うてゴチャゴチャとしたら、向こうの者が何が何やら分からへん。それで帰ってきて謝るときは、「あやかしまして済みません」と、こない言うの。人間の意の質直がなかったら、それが出てくる。それが失敗のもとになる。質直であって、知恵が働いて、次に今言うような、この場合はこう言うておく、この場合はこう言うておくという後の知恵があったら、その祟りというものが出てこない。そうすると、我が此の土は安穏にして、天人常に充満せり、……庭があって、建物があって、天人が伎楽してというように、われわれの周囲は極楽でいっぱいということになる。仏の極楽が出てくるのは、ただではない、衆生のために出てくるのやと。

仏行をする者はそのつもりで、みな極楽にいるのやよってに、皆に喜んでもらわな、どうもならん。楽しんでもらわな、どうもならん。仏さんの極楽も人間の極楽も模様だけが違うのであって、結局それは同じことなん。

第五講

是《こ》の諸《もろもろ》の罪の衆生は　悪業《あくごう》の因縁《いんねん》を以て
阿《あ》僧祇《そうぎ》劫《こう》を過ぐれども　三宝の名を聞かず
諸の有《あら》ゆる功徳を修し　柔和質直《にゅうわしちじき》なる者は
則《すなわ》ち皆我が身《み》　此《ここ》に在《あ》りて法を説くと見る
或時は此の衆《しゅ》の為に　仏の寿《いのち》無量なりと説く
久しくして乃《いま》し仏を見たてまつる者には
為に仏には値《あ》い難しと説く
我が智力《ちりき》是の如し　慧光照すこと無量に
寿命無数劫《じゅみょうむしゅこう》　久しく業《ごう》を修して得《う》る所なり
汝等智有らん者　此に於て疑《うたがい》を生ずること勿れ
当《まさ》に断じて永《なが》く尽《つ》さしむべし　仏語《ぶつご》は実にして虚《むな》しからず

医の善《よ》き方便をもって　狂子《ごうし》を治《じ》せんが為の故に
実には在《あ》れども而《しか》も死すと言うに
能《よ》く虚妄《こもう》を説くもの無きが如く
我も亦為《こ》れ世の父　諸の苦《く》患《げん》を救う者なり
凡夫《ぼんぷ》の顛倒《てんどう》せるを為《も》て　実には在れども而も滅すと言う
常に我を見るを以ての故に　而も憍恣《きょうし》の心を生じ
放逸《ほういつ》にして五欲に著《じゃく》し　悪道の中に堕《お》ちなん
我常に衆生の　道《どう》を行じ道を行ぜざるを知りて
応《まさ》に度すべき所に随《したが》って　為に種種の法を説く
毎《つね》に自ら是の念《おもい》を作《な》さく　何を以てか衆生をして
無上道に入り　速《すみや》かに仏身を成就することを得しめんと

極楽のはなし

もろもろの罪悪の衆生は、悪業の因縁をもって、阿《あ》僧祇《そうぎ》劫《こう》を経ても三宝の名を聞かぬ。

それから善根功徳を修行する者、柔和にして性質の正しい者は、我《われ》を見ることができて、仏さんの法を説かれることが聞ける。ある時は衆生のために仏さんの寿命は無量やと説く。また久しく仏を見る者のためには諸仏は値《あ》い難しと説く。仏さんに値い難いと説くのも仏さんの寿命無量と説くのも、仏さんは相手を見ていろいろ説かれるという。

「我が智力是の如し」仏さまの智慧はかくのごとくであると。それから智慧の光が照らすこと無量であり、寿命は無量劫であると。それはみな長い間衆生をして得るところであると。「汝等智有らん者、此に於て疑を生ずること忽れ」疑うな。信心のない者は疑う。

それからずっと行って、ここに大事な偈がある。「我も亦為《こ》れ世の父、諸の苦患《くげん》を救う者なり。凡夫の顚倒せるを為《も》て、実には在れども而も滅すと言う」死ぬということを説くという。「我常に衆生の道」を行い、道を行わぬことをよう知っているから、法に従って度すべき所において「種種の法を説く」と。そして毎日、「是の念《おもい》を作《な》さく、何を以てか衆生をして無上道に入り速かに仏身を成就」せしめることができるかと、そういうことをわしは毎日思っている。常にそういう念を作していると。

前回までのところは、仏さんは極楽におられる、極楽ってどんなんかという話でした。

それをちょっと、もう一遍やります。

「我が此の土は安穏にして、天人常に充満せり」と言うのやから、仏さんのおられるところは安らかで、穏やかで、静かで、いい塩梅《あんばい》やというのです。そこには恐いのやら憎いのやら鬼のようなのやら畜生のようなのはいない。天人のような美しい人がそこにいっぱいいる。それから「園林諸の堂閣、種種の宝をもって荘厳し」、園林は木のこもったところです。園という字が書いたるから、木のこもった林。その立木のある間に建物があるという。その建物が種々飾りをしてある。それから時候々々のなり物が鈴のようになったる。

そうすると、そこで皆が楽しんで、「衆生の遊楽《ゆらく》する所なり」、それから「諸天天鼓《てんく》を撃《う》ちて」天人が出てきて天の鼓を撃つ。そうしていろいろ舞うたり踊ったりして「伎楽を作し」、それから曼陀羅で天から華が降ってきて、そして仏さんなり大衆の上にその華がヒラヒラ降ってくる。わが浄土はこういう結構な浄土であって、しかもその浄土は「毀《やぶ》れざる」と言うから、ないようになって砕けてしまわんのです。それが仏さんの浄土やというお話でした。それ一番よろしいわね。

京都は浄土

それでわたし、じっとこう考えた。日本で極楽浄土というものを見つけな、どならんけど、京都がその日本中の極楽になるのではないか、と。日本だけやない。朝鮮に行ったかて、中国へ行ったかて、肝心のインドへ行ったかて汚いのです。虫がたんと飛んでおるし、臭いしやね。もろうて悪口言うたらいかんけど、わたしが線香が好きやというので、インド土産に線香を頂くことがある。それが、インドのは臭い。中国の線香は中国臭い。日本の線香はみんな日本臭い。日本で線香を立てたら、静かで柔らかで落ち着いて、かすかな匂いがする。ところが、中国の線香は油濃い匂い、きつい匂いがする。もうちょっと向こうへ行って、インドの線香を立てたら、皆が「臭い臭い」と言う。それ立てたら蚊まで臭がって、どこやら行ってしまう。インドの線香二本立てたら、蚊が来ません。蚊除けにいいなと思う。ひょっとしたら、その薬を入れてるのかもしれんけどね。

それで京都が日本中できれいやね。神さんや仏さんの浄土。それからわたしがまた考えるのには、京都というところは、東京から帰っても、トンネル越えて京都の土地へ入ったら、静かな落ち着いたいいところやなと、そんな気がします。出て行くときは思いません。大阪へ行ったらワシャワシャと蟻の歩いておるような……大阪駅に降りたら、普通なら皆真っ直ぐ歩いていくのに、頭が右左になって先に行く。あんなにしていいのかいなと思うてな。改札口で一人一人並んで切符を渡したらいいのに、我先にと出て行く。なんで、そないにせわしいのか。

それで京都へ帰ってきたら、真っ直ぐに人が歩いてられる。そろりそろり、これでは衝突する気遣いもなければ、喧嘩する気遣いもない。電車で足踏まれたかて怒られません。「あんさんのおみやが……わたしのおみやへお乗りやして、オホホホ」こない言うている。ひとつ喧嘩したろかと思うても、「次の停留所まで一緒にお伴しまひょ」これでは喧嘩しようと言うたかて、できませんわ。

京都と言うたら、どこへ行ったかて、こんな静かなきれいなところありません。台所のぞいても、かまどはぴかぴかに磨かれて光ったる。そら実にきれいです。このことを京都の人自身はご存知ないのです。京都の外を歩いたらそれは分かるね。山の中へ行ったかて、海岸へ行ったかて、どの顔見たかて赤銅みたいな顔している人が多い。それがまた山家へ行ったら山の気受けて静かなん。海岸へ行ったら海の動いたる気受けて気が荒いの。それで船と陸《おか》と物言わんならんよって、「……おしやして」なんて言うてたら、分かりませんわね。岸の上から嫁さんが船の婿さん呼ぶのに「オーイ」と言うている。向こうから「エー」と言う。一つも喧嘩でも何でもない。そない言わな聞こえんのや。そやよって、初めて行ったら恐いと思うけど、そんなことあらへん。

ずっと以前の話ですが、わたしが朝鮮を回るときに、九州の人の家で泊まることがあった。その家で旦那さんが奥さんを呼ぶのに「コラ」と言うて呼んでいる。巡査さんが注意するように言うのやね。もっとも今日の巡査さんはご丁寧になられたがね。それで奥さんが「エー」と言うて来て、何もこわい顔をしてられへん。えらいきつい家に泊まったなと、こない思うわね。向こうではそやないけど、よそから見たらそない聞こえる。

京都は物の言いようでも静かで、柔らかで、いいところやなと思う。我此土安穏なん。天人常充満やね。行き来する人がみな人を突きのけて先行くというようなことをしない。汽車で行くのに、まああんさん、まああんさん……。一人々々より乗られへんよって、乗ってから挨拶したらいいのに、駅員さんに注意をうける。「ご乗客は一列に並んでください」こない言われる。それを、まああんさん、まああんさん……。天人常充満なん。園林諸堂閣と言うたら、もうどこへ行っても木がいっぱい生えたる。禿山というのはめったにあらへん。

信心のない者には分からない

それからわたし、じっと考えた。宇治へ行ったら平等院。そこへきれいな宇治川が流れたって、浅い山がそこに出ている。こっちへ来ると今度は黄檗山。これまた中へ入ったら中国流のきれいな境内がずっと展開する。それを見て今度山科《やましな》のほうへ出てくると、醍醐《だいご》の伽藍がある。そこへ向けて勧修寺門跡や随心院門跡がある。山からこっちへ来るとお稲荷さんがそこにある。東寺さんがある。それからこっちへ来ると東福寺さんがあって泉涌寺さん、三十三間堂、妙法寺さん、大谷さん、清水、霊山観音さん、知恩院さん。そして蹴上の高いところから見ると、向こうに塔のあるところがある。その下は禅宗の本山がずっと並んだる。それから嵯峨の大覚寺、御室の仁和寺。山がずっと回ったる。中へ入ったら六角堂や本願寺さんや誓願寺さんや建仁寺さんや、それがみなきれいやな。

わたしのところでも朝五時に夜警が駆けつける。そして縄が張ってあるのを取って、皆に詣ってもらうようにする。それは昔はなかった。よそは門があるけど、うちは門がないのね。縄張りしておかぬと、人が勝手に入ってくる。通るくらいはかまへんのやけど、時間関係なしに入ってこられる。火の用心が悪いし、夜警が気になる。出てしまわれるまで気になる。新聞に出たったが、うろうろしたのが祇園さんの境内に入ってきた。どんな応対をしたのか分からぬけど、物の言いようが悪かったというて殺してしもうた。そやよって境内でも何が入ってくるやら分からぬ。それで遅うなったら縄引っ張って、朝五時の鐘ついたら縄を取って皆に入ってもらう。

いつも拝むお方のなじみのある人は勝手知ってられる。毎度のお方は遠慮のう来て下さるといい。縄張りしたところは通れないけど、遅う詣りたいという人はちょっと、断わってもろうて左へ入る。そして馬止めのあるところを入ってもらう。そうすると宝性院の前へ出てきて、地蔵さんの前へ来て、石段を上ってもろうたら、夜警のところへ出る。毎度のお方は勝手さえ知ってもろうたら、横からすっと詣れる。知らぬ者が入らぬようにだけはしてある。

そして五時の鐘が鳴ったら縄を取って自由に詣ってもらうようにする。そしてお勤めも、お花上げたりお灯明上げてちゃんとする。わたしのところもそうする。知恩院さんもそうなら、どこどこ本山もみなそうやね。そのたくさんなお寺がみな朝そんなにつとめられる。我が此の土は安穏にして、天人常に充満せり、園林諸の堂閣、種種の宝をもって荘厳し、宝樹華果多くして……なん。そして衆生の遊楽する所というのは大ぜいの人が皆来て喜ぶ。日本国中から出てきて、「ああ結構や、仏の都や」と言うて皆喜んで下さる。

諸天天鼓を撃ち……春になったら都踊りがある。踊っている人の姿を見たら、皆きれいな人が踊ってられる。えらいおじいさんやおばあさんやというのは踊ってられへん。どれ見ても皆きれいなん。人間の世界でこんなんばっかりかいなと思うほどきれいなん。それが、常に衆の伎楽を作す……なん。こっちのほうでは加茂川踊りをやっている。北野ではまた北野で踊っている。春になると花が咲く。皆が踊る。人間の世界にそれがみな展開されたる。皆が花を見て楽しみ、踊りを見て楽しむ。

そして天から花が降ると書いたる。天から花が降ると言うたら、何やら雪のように降ってくると思う。それは仏さんの世界やからそないに書いたる。人間の世界は花が降るとい

四神圖
東 蒼龍
西 白虎
南 朱雀
北 玄武

うたら横に降ってくる。わたしみたいに山にいる者の所でも花が降ってくる。それは上から降らへん。皆が花を持って来て下さる。バラが咲いたと言うて持って来て下さる。アジサイが咲いたと言うて持って来て下さる。思いもよらぬのに、あっちからもこっちからも花をもらう。きのうは芦屋から鈴虫を持って来て下さった。鈴虫というたら、リンリンリンと鈴振るように虫が鳴くので鈴虫やね。チンチロリンというのを松虫というね。松虫、鈴虫、クツワムシ……昔はクツワムシもいたし、ウマオイもいましたし、キリギリスもいましたけど、薬をまくようになってからもういません。それでホタルもいなければ何もいませんので淋しいと思うてたら、花の時分には花を持って来て下さる。上から降るか、横から降るか、同じことです。いろんな物を山の中へ持って来て下さる。

曼陀羅華を雨《ふら》して……それが仏さんの世界です。京都はお寺があって、きれいで、好きなものが何でもある時代になりました。そやよって京にいる者は有難い、こんなところに住んでいるというのはどんな果報かと思うていいと思う。善業の因縁の者はそない思うのです。悪業の因縁の者は京に住んでいたかて京のいいところが分かりません。世界で一番の我此土安穏の、お経に書いたるようなところが現実のわれわれ人間の間に、阿弥陀さんの極楽へ行かぬ間に、ここでこんな極楽の生活をするということが、信心のない者は分かりません。信心したら勿体ないほど有難い。まあ結構なところやな。

四神相応の地

昔、京都を四神相応の土地と申した。東西南北に約束がある。東に水があって、北に山があって、西に町があって、南に平坦部があるというのを四神相応と言うのです。昔、桓武天皇がここをねろうていられたのは、東に琵琶湖がある。水が切れたら人間は生きていられません。千年たっても二千年たっても水がなかったらあかんけれども、水さえあったら何万年でもいられる。この琵琶湖に水がたまっていて、これが飲めるのやな。それから北に山を負う。北から寒い風が出てくる。それから西に町があって、生活の必需品が出てくる。大阪を抱えてますわね。そして南に山がありません。それで、昔、船岡山というところへお太子さん（聖徳太子）が上られて「ここは後の世に帝王のお住まいになるところや」と言われた。わたしは本は読まぬけれども、松原宮司さんがわたしに船岡山の話をしてくれられ、聖徳太子がこの京都は帝王のお住まいになるところやと見立てられたという話をして下さった。四神相応の土地なん。

そんなことが何で太子さんに結びつくのやと言うたら、太子の建立された法隆寺がやはりそうなん。

東に富尾《とみお》の小川という川がある。それは宇治川みたいなえらい川やないが、東に水がある。そして北の後ろに低いなりに山を背負うてる。南は大和平野をながめて、飛鳥の都まで平坦部が続いたる。そして西に大阪がある。外国のお客さんはみな大阪へ着かれる。それから天王寺をこしらえて、外国のお客さんは天王寺で扱うようにして、飛鳥の都へ送り込む。それで四神相応の土地やから滅びないというので法隆寺をあそこへ建てられた。だから法隆寺は焼けません。この間みたいに電気引っ張って、放っといて帰ったりするよって焼ける。不調法から焼ける。人間のわざで焼けるのやね。

太子さんが船岡山から、ここは帝王の住む土地で、四神相応の土地やと言われたのが京都。『法華経』「寿量品」を読んで、じっと考えたら、京都の土地がもう人間の世界の極楽浄土なん。それを、京都に住んでいて悪いことをする。極楽にいるということを知らんと悪業の因縁で悪いことする。

悪業ってどんなんかと言うたら、気ままということやね。気ままってどんなんかと言うたら、好きなものは人が持っていても欲しい、嫌いなものは人のものでも砕きたいというのが気ままなん。そやよって、嫌いなものは「そんなもの、ほかしてしまえ」と言う。よそのことを家で怒る人がある。よそのことを家で怒らいでもいいやないか。しかし、聞いたら「怒らいでいられん」と言うて怒る。「そんなこと放っといたらいい」「いや放っとけん、向こうへ怒りに行ったろか」……これは何かと言うたら気ままなん。気ままが罪になる。

いま、自由や自由やと言うものやよって、自由と気ままとごっちゃになってる。行うべきことは自由に行う。昔は上から下がにらまれるというので、こうせんならんと思うていても、できないの。こうあるべきやと思うていても、言わんと黙っている。昔は上の権力が強いので、何でもかしこまらないかん。先祖のおまつりをするときでも、どない言うかと言うたら、「かしこみかしこみまうす」こない言う。皆そんなこと申しません。神主さんが代わりに言われる。そやよって神主さんは坊さんより行儀がいい。坊さんは仏さんの前であないしません。もうわたしら神さんのまつりを見て感心します。普段にでもあない丁寧に言われるのかいなと思いますけど、そうでもないらしいね。まつりのときは冠をかぶって、「かしこみかしこみまうす」と、神さんがそこに居られるように申すのです。

昔は上と下との間の押さえ方というのが皆そうやった。それがずっと流れてきたるよってに、外国人から見たら、下の者の伸びようがない。それで昔は、もう生きている世界に極楽はのうて、農民は農民、町人は町人、職人は職人、先祖代々から子々孫々まで職人で頭上がりません。同じ人間であっても扱いが違う。そういうような世界に大多数の人間が生きていた。幕府の時代でも、侍に無礼したら斬捨て御免なん。菜や大根切るように、「無礼な」と言うて切る。切る者はいいかもしれんけれども、切られる者はかなわんね。しかし、言うていくところあらへん。

そやよってに、外国の教えから言うたら、神さんは平等やのにそんな待遇のちがいというのはいかんというので「自由にせないかん、平等にせないかん」こない言われた。それで下の者が手叩いて喜んで、自由になった。そして生活も自由でなければいかんというのが気ままとごっちゃになって、何言うてもいいのや、と思う。しかし、そんなことありません。人間の道の上においての自由であって、人間は人間、畜生は畜生でなければいかんわね。

仏の寿命は無量である

いま、京都は極楽やという話をしました。今度の戦争でも大阪はみな焼かれてる。ずっとぐるり十文字に焼いて、残さぬようにみな焼いてしもうた。名古屋も焼かれた。東京は明治神宮も焼かれた。大神宮にも弾《たま》ほうりよる。熱田神宮にも弾ほうりよる。ところが京都へは弾ほうりよらん。西大谷のお墓の石の間へ落ちたのは間違うて落としよった。焼き打ちするのやったら、そんな墓に落とさんと、少なくとも大きな寺を目印にして落とすとか、撃つのやったら真ん中を撃つ。東山の墓まで出てきて撃たんでもいいわね。そやよって、あれは間違いやな。京都は撃たれなかった。京都を撃ちよらんので、奈良が助かって、大津が助かってる。伏見から周囲が助かっている。それは何でかと言うたら、京都は極楽の土地だからなん。人殺しするというようなことを考えない。

世の中には「もっと戦争が続いたらいいのにな、もっと戦が続いたら品物が高う売れていいのにな」と言う人がいる。その弾を売ったら人間殺さんならん。「それでもかまわん、もうかったらいい」と言う。そんなんがよそにはある。そんな人殺しする鉄砲やら弾やら、京都人はこしらえない。そやよってに弾を撃たれません。それがそうなるというのは、京都が清らかな「我此土安穏《がしどあんのん》」の土地で、皆の心が平和であり、神さんや仏さんのような心でいるというのが外国人に通じる。それを取りもった人がアメリカ人なん。

アメリカのウォーナー博士という人が関西へ来て、京都・奈良をよう見て帰った。それで京都・奈良は人間がまともで、仏教の教えによって平和な人ばっかりである。その平和の遺産が「園林諸堂閣」なん。そやよってに、ここへは弾ほうってくれるなということを、地図を持って陸軍省へ談判に行かれた。それで軍部がよろしいと承知したので、弾が落ちなかった。そのウォーナー博士がどう見たかと言うたら、別に「寿量品」の講釈を聞いたわけやないけれども、頭がいいので直感して、京都と奈良を見て、地上にこんないいところあらへん、ここは焼いたらどんならんというので、戦を抑えて焼かさんようにつとめられた。それで戦争が済んでからウォーナー博士が亡くなったとき、京都市が主宰して祇園の何とか会館で追悼会をやった。われわれも参りました。そのウォーナー博士の墓は法隆寺にある。アメリカ人やけれども、墓を法隆寺にこしらえた。

こういうことは、今は京都の人でもそない思うておりません。ただもうかったらいい、もうかったらいい、……そんなこと思わんと、人間の地上にこういう極楽が残っているということは国の誇りであり、人類の誇りなん。お経に書いたら向こうのことみたいに思う。しかし、今住んでいるところがこのとおりや。これ何遍も読んでじっと考えたら、死ぬのを待たんと、生きている間にそういう極楽がここにあって、その中にお互いが住むことができるということが分かる。

そういうことを書いたるのが何が有難いかと言うたら、お釈迦さまが亡くなられるという前にこの『法華経』を霊鷲山で説かれた。そして仏の寿命は無量であるから死なへんのやと。それは何のことか、仏さんは何でできたのかと言うたら、大ぜいの人間の苦しむのを助けて、皆に極楽の生活をさせたい、という願いがあって仏さんになってられる。そやよってに極楽へ皆参ってもろうたかて、阿弥陀さんはその極楽の真ん中であぐらかいて坐っておられない。お客さんやから、座敷へ皆を通して、伎楽を見せたり音楽を聞いてもろうたり花を見せたりして喜んでもろうて、それで説法をされる。阿弥陀さんはその説法する願で浄土を成就されるのやよってに死なれない。

人間やったら、わたしも何遍も「死ぬまでやります」こない言う。それは人間やから「死ぬまで」と言うておかな、「あいつ、いつまでも死なんと思うておる」と思われたら残念なよってに、「死ぬ、死ぬ」と言うのです。しかし、ほんとうは死にません。ほんとうは体がないようになったら、今度は新しい体に変わってくるのです。ほんとうは死にません。これ死んでしもうて衆生がないようになったら、極楽が取り消しになる。阿弥陀さんが店出してはっても、一人もお客さんがないようになったら、阿弥陀さんが廃業せんならん。衆生が来るので阿弥陀さんの説法の願行が果たせるのです。仏行が果たせるのです。

その衆生がないようになったらお客さんいないということになるから、店じまいになります。店じまいになったら極楽がないようになる。そやよってに、繰り返し繰り返し仏の寿命は無量で極楽がないようにならんということを何遍も言われるのです。それは何でかと申したら、衆生というものがないようにならんからです。我の強い気ままなのが後へ後へ、繰り返し繰り返し流れて出てきます。悪業の因縁で出てくるのです。気ままに育って気ままに暮らして気ままに死んだら、また今度出てくるのが気ままになる。

仏法の話は聞くほどよい

そこで、信心せんならんというのは、これが結論になるわけですが、信心したら法を聞きとうなる。何でかと言うたら、人間の知恵は足りません。人間は目で向こうを見ることはできるけど、自分を見ることはできません。自分の顔は鏡を持ってこんことにゃ分かりません。白髪ができたかて、なでたかて、これは白で、これはまだらで……そんなわけにいきませんわね。黒髪もいつの間にやら雪が積もって白うなります。人間の目は向こうのことはよく分かりますが、自分のことは分かりません。そやよってに、もう一時間後に飛行機が落ちて砕けるというようなことを知ったら、だれも乗りませんわね。それをお金出して乗って、一時間後にぶつけられて死なんならんことになる。自分のことは分かりません。

人間は皆そうなんです。海水浴に行って、飛び込んだまま浮かんでこなんで、沈んだなりで死ぬ人もあるのです。山へ登って埋もれたりで死ぬ人もある。この間、新聞にあったように、山の麓にこしらえた家が山崩れに遭って一家六人が皆亡くなった。今晩家がつぶれて死ぬというのやったら、家持って逃げられへんよってに、大事な物だけ持って逃げることができるけど、寝ている間につぶれて皆死んでしまう。何もこれは日本だけのことやあらへん。いつやら新聞に、五千年前と推定される町が地の底から出てきたことが載っていた。掘ったら町のなりで埋もれたのが出てきた。約五千年前の町が出てきたってね。町でも埋もれてしまう。

このように、人間は一寸先が分かりません。そこで信心をし信仰心をもつと、それが分かるのです。信心したら、人間はまわり合わせで、どんなことが起こるやら分からんと、平生から心をおさめておいたら、新しい体に変わって出てくるとき道理が分かる。そして仏さんが無量であれば衆生界も無量であり、入れ変わりするだけやと、こういうように考えたら、死ぬという悩みがないようになる。この仕事が半分で死ぬというときであれば、せめてこれだけして死にたいと、こう思う。そんなこと思わぬでも、日が暮れたら明日したらいいのやよってに、無理せんと半分にして休んで、明くる日したらいいように、また出てきて後でやったらいいのです。仏法を聞いたら、そういうことが分かってくるのです。

こういう幸せな因縁はどこから入るのかと言うたら、話を何遍も聞かないかん。自分だけ偉いと思うたらあきません。話聞かなあかん。その話は話をする人がつくってられるのではないのです。何千年昔の悟った偉い人が話してられるのが書いたる。それを話するので、こしらえた話ではありません。それを話する者が分からなんだら、話が分かりません。「あの人よう首振って話されてたけど、あれ、何のこと言うてられるのやろう。お前分かったかい」「ちょっとも分からんな」「あんたどうや」「わしも分からんな」だれが聞いても分からんのやったら、話している人が分かったらへん。分かったと思うたかて、聞いてそのとき分かったるので、ほんまには分かったらへんのです。分かったように見えるだけです。門の外まで行ったらもう分からへんのです。「あれは何やな」「そうやったな、あれよかったな」それでしまいで、聞かれたかて分かりません。

それで何遍も何遍も聞かされたら、こびりついて、記憶の中にそれが残っていく。そうすると、今度言われいでも先に出てくる。それはこれで、それはこれでというのが分かる。それで何遍も法を聞かないかん。わたしが幼少の時分に、お母さんは京で仕込まれた人で、京のいろいろな話を毎晩するよってに、ちゃんと覚えている。百年前のことやが、それをみな覚えています。何遍も聞かされるよってに覚えた。生まれ変わって出てきても同じことなん。記憶の中へ入れておいたら、体が死んでも心が死によらんよってに覚えて出てくる。

そやよってに、太閤さんみたいな偉い人は偶然になれるものではない。百姓の貧乏な家に生まれて、信長公に仕えるのにも仕度さえできなかった。それがとうとう関白さんになられる。お天子さんの次の位になられた。一代でそんな出世なんかありませんわ。前に一休さんの話をしたけれども、あれも前から磨いたる知恵を持っておられるので、それが出てくるのです。なかったら出てきません。何でもないものは蔵の入口に入れておくけど、古いものは奥へ入ったるの。奥へ入ったのは探したかて出てきません。しかし入れたものは何か出てきます。そやよって一遍聞いたことは忘れていてもまた出てくる機会がある。聞かぬ話は出てきません。一遍聞いておいて忘れたら、今度よそで話してられるのを聞いたら、この間聞いたあれやなというのが出てきます。

そやよって何遍でも出てきて法座を重ねて聞いて頂きたい。知っていること知らぬことが皆お互いにあるのです。こう言うている間にみな覚える。それであとさきになって死ん

毎自作是念
以何令衆生
自我偈挿圖畢了合掌禮拜
迦陵頻伽
得入無上道
速成就佛身

でしまうわね。今度出てきたら太閤さんみたいな覚えのいい人が覚えたものを持って出てくる。絵の上手な人も、そろばんの上手な人も、建築の上手な人も出てくるのね。昔、大仏さんの建物を普請する人ね、今みたいな博士というものあらへんわね。あんなえらい建物を木でこしらえるの、どないして造りあげるのかと言うたら、差金一挺であれこしらえる。そやよって大工さんと言うたかて、その知恵は一代であんなものでき上がりません。それが何代も研究して、ちゃんと蔵の中に知恵があるので、差金一挺持ってきたら、あの大仏さんの建物が建つのです。

そのように、どんなものでも芸のできた人の偉いというのは一代や二代の芸ではありません。一代や二代の行ではない。そのことがここに書いたる。長い間の修行の功徳によってと書いたるのはそれです。極楽でも一遍にできません。長い間ためた力が功徳荘厳によって極楽になるのです。人間で言うたら、長い間、勤倹力行して富の力を蓄えておくと、立派な家が建ち、立派な生活ができる。蓄えなんだら知恵ばかりで物にならん。その蓄えるというのが記憶の中に功徳も善も悪もみな残るのです。それで、話さえ始終聞いておいたら、間《あい》に間《ま》に合わなくても、今度物にぶつかったときにそれが出てくるのです。それが間に合うのです。そやよってお金ばかりやない、知恵も蓄えておかなどんならん。それでいい知恵を蓄えておいたら太閤さんになるのです。

悪い知恵を蓄えておいたら石川五右衛門君になる。石川五右衛門に何も君の字をつけいでもいいけれども、まあ日本で一番泥棒で偉いのやというので敬意を表した。わたしは会うたこともなければ親類でも何でもありません。泥棒でもこそこそと家の中へ入りよるのも泥棒なん。太閤さんの寝ているところへ入りよる。偉い泥棒やなと、こない思うよってに敬意を表して石川五右衛門君と、こない言うている。やっぱり悪いのでも宿業の訓練がなかったら親方になられません。それは悪いには違いないけども、悪いのでも偉いのは偉い。

ちょっと言うたら、建勲神社というのは信長さんやの。あれは朝廷のために骨折られた方なん。それで勲《いさおし》を建てるという名前をいただいて船岡山に建勲神社というものができた。それを殺したのが明智光秀なん。京都では明智光秀というたらもう泥棒の親方みたいに思うている人もある。ところが福知山へ行って、秋祭か何やらの話を聞いて、「ここの氏神さんはだれですか」と尋ねたら、「明智光秀さんや」こない言うている。氏神さんで、町の人は皆拝んでられる。そやよって悪いところは悪いけども、偉いところはまた偉いの。

妙なもので、赤穂へ行ったら大石良雄という人が神さんに祀ってもろうてられる。三河の吉良というところへ行ったら、吉良上野介が神さんに祀ってもろうてられる。そやよって、忠臣蔵を聞いていたら吉良上野介という人はなってないなと、こない思うのです。ところがその村へ行ったら、うちの殿様やというので神さんに祀ってもろうてられる。まあ悪いことはあるけど、また偉いところもどうもあるらしい。それは何かと言うたら、宿世の業《ごう》の力がそこにたまったるのです。欲が深うて、意地が悪いというのがたまったる。それで首を取られることになる。欲が深うて意地が悪いというのがたまってなかったら、首まで取られずに済む。そやよって人間の業《ごう》というものはいつまでも筋を引くのです。法を聞いて、忘れても聞き、忘れても聞きしておかれる、それがちゃんと心の中の蔵の中にたまるのです。それで今度事に出遭うたときに、善いのをためておいたら善いのが出てきます。悪いのをためておいたら悪いのが出てきます。

当たりさわりのないように

そやよってに、善い話を聞いたら、せんならんと思わいでもいい。それはするに越したことはないけれども、できないでもかまいません。宗教の話は大体できぬ話が多い。何でかと言うたら、仏さんの話やから、人間に「仏さんの真似せい」と言うたかて、無理な注文なんです。人間らしいことをさせてもらわな、そんな「行儀ようせい、行儀ようせい」言うたかて、仏さんと畜生との間くらいなところで勘忍してもらわないかん。楽屋を言うたら、人の見ている前では恥ずかしいよってに皆仏さんみたいな顔して坐っている。うちへ帰ったら行儀ようしているか言うたら、そんなことない。わたしが皆さんの前で仏さんの代理みたいな顔してお話し申していて、これ済んであっちへ行ったら、この偉そうなのはみな横へひっかけて、暑いので襦袢とぱっちで坐っていますわ。「さあお客さんや」と言うたら、もっともらしい顔してここへ出てまいります。それは勘忍してもらわな、朝から晩まで寝ても起きても如来さんみたいに黙って……そんなことできません。ちょっと表裏こしらえて、表は表、裏は裏でちょっと融通きくようにしている。

けどそれは仏さんがよう知っておられる。そやよって「人間は人間らしくせい」こない言われる。仏さん、話よう分かったるのです。「これ畜生の真似しているやないか、そんな畜生の真似したらあかんがな」こない言われる。それで頭が下がるのやな。「何で畜生の真似ですか」と言うても、「お前の思うていること、すぐ言えるか言えぬか考えてみよ」こうやられると何も言われません。「お前のしていること、人の前でできるか」と言われたらできません。人に見せられぬ、人に言われぬことが腹の中で渦巻いているのです。人間として許されぬこと、恰好の悪いことを思うているの。人間の許されぬ心のなかを仏法の言葉では「煩悩《ぼんのう》」と言うのです。

煩悩というたら「さわり」のことを言うのです。人間の心の中に気ままがあるので、当たりさわりが強い。気に入らぬものには当たりがきつい。好きなお客さんが来られると、ねぶるように言う。「まあまあ」と言うて、声からやわらこうなる。猫がニャーンというのと一緒です。嫌いなのには犬でもウーという。そういうお客さんが来られたら、まだ寝床の中で寝巻なりでどないもなりませんのに、こんなところへ来られて……と、心の中は機嫌わるい。しかし、人間やから言わへんわね。言わんけど、パッと向こうへ通じる。

「えらい早う来まして済みませんな、ちょっと汽車の都合で、これからまた次から次に行かんならんので、ちょっと顔だけ見せてもろうたらよろしいのや」こない向こうが言われる。こっちの気が向こうへ当たったる。当たったとおりに返される。「まあよろしいがな。どうぞお茶でも」「いやいや、またよそで呼ばれますわいな」こない言う。当たりが強かったらそないなる。それで門《かど》へ出たら、「朝早うからえらそうに言われて……」と、さわりやな。ほんまに思うているとおりに言うたら、当たりさわりが強い。

そやよって、使いに行くときにお母さんが「当たりさわりのないように言うといでや」と、念入りに言われる。それ一遍言われたら、忘れたらあかん。そのとおり言うたら当たりさわりがない。それをきつう言うたら、後で祟《たた》りが来る。「この間、使いをよこしてくれはって、ご丁寧に」と言うて、もうこれ当たったるの。そのお礼にと言うて、祟りが来る。そやよってに世の中というものはこわい。お互いに皆凡夫なん。

そやよってに、仏さんの話や菩薩の話を聞いていたら、「あ、あれやな、祟りよったな、ちょっと当たり効き過ぎたな」となる。親子の間でもあることです。家の中、兄弟でも夫婦でもみな当たりさわりがある。そやよって、だれか信心の者が真ん中にいて、その調節をする。当たりさわりが強かったら喧嘩になる。国と国と喧嘩したら殺し合いをする戦になる。家の中では殺し合いはせんけれども、国と国でやったら戦争になる。結局、人間の当たりの強い結果が戦争になる。

そやよって、よう法を聞いて、当たりさわりのないようにと、こう思うてやってくれたら、その土地なり、その家なり、その国が極楽になる。国の極楽になるかならないかは、だれの力かと言うたら、国民全体、皆の力からこれはできる。そやよってに、こうして皆さんに来てもろうて仏さんの話をすることは、何のためかと言うたら、お国へのこれはご奉公になり、神さま仏さまへのご奉公になるわけです。

そやよってに、目には見えぬけれども、ご法座には「諸仏同参」と言うて、諸仏如来が皆来てくれてられる。いいときにはいい神さんや仏さんが見ていてくれます。悪いことするときは、神さんや仏さんはあっち向いてられる。そして鬼みたいなのが出てきて、舌出して喜んでいる。悪魔がついてきよって、「ソラ行け、もっとやれ、ああ面白い、もっと言え」とけしかける。そやよってに慎まないきません。常に仏さんを持ってないきません。信心してもらわないかん。信心さえすれば法が聞ける。法を聞いたらそれが心の中にたまる。それが次の世、次の世と極楽のまた因縁になる。

まあ、こういうのがこの「寿量品」の話で、仏無量なるがゆえに衆生も無量であると、仏縁を重ねて、悪業の因縁の者は三宝の名さえ聞けぬのに、遇いがたき人間に生まれて聞きがたい仏法を聞いた。ここに喜びをもって法座を重ねてもらわないかんと、つまりこういう話になるのであります。

法華経観世音菩薩
普門品（観音経）

世尊偈講話

第一講

菩薩が仕上がって仏となる

『法華経』「普門品」は観音さんのお経です。このお経には「世尊偈《せそんげ》」という偈文《げもん》があります。同じ『法華経』の「寿量品」の偈文であったら「自我偈《じがげ》」という。そのお経の初めに「自我得仏来《じがとくぶつらい》」とあるので、その初めの二字をとって「自我偈」という。観音さんのお経の偈文には「世尊妙相具」とある。故にその初めの二字をとって「世尊偈」という。これからこの「世尊偈」の話をしたいと思います。

しかし学問的に、講義的に難しい話をしようという考えはありません。お釈迦さんが皆に観音さんを御紹介された『法華経』「普門品」――観音さんの信仰をお釈迦さんがこのように話しておられる、ということを大雑把《おおざつぱ》にお話しようと思います。

一体、仏さんというのは何でできたか、何で仏さんというものが世の中にあるのか、この事柄から出発しようと思います。

神さん・仏さんと言うけれど、神さんはわたし達の先祖なん。家の先祖であり、国の先祖であり、町・村の先祖で、ある人が亡くなったらそれを神さんとして祀る。それが日本でいう神さんなん。ですから日本の神さんいうものは、神代の時代からたくさんあるのね。天の神さんが七代、鬼神が五代、それから人間の神さんになって、国では歴代のお天子さまを初め、それぞれの偉いお方は皆神さまとなり、村には村の神さん、家には家の神さんがある。これは死んだ方を神さんとして祀る。ではどうして神さんができたかと言うても、神さんはできません。皆が皆、日本流でいえば神さんです。

ところが仏さんは、何で仏さんができたんか言うたら、これは古い話ですが、人間の中には「心荘厳」ということがある。これはどんなことかと言うたら、若い人が出世して立派になったらね、まず家をこしらえる。在所やったらまず門をこしらえる。それから蔵《くら》をこしらえる。村の中で白壁の蔵と門のある家がいばっている。田舎であったら、「あこに蔵が建った、ここに門が立った」言うて、負けんようにそこらに見えるような蔵やら門を立てるのが風なん。出世しましたらまず家を立派にする。また皆が寄って先祖の神さんの社《やしろ》を立派にする。これを「荘厳《しょうごん》」という。これが積もり積もって、良い国にするというのが「国の荘厳」なん。

これは人間だけしかない知恵なん。分かりやすう言うたら、立派な家を造っても、家一ぱいに自分は座られへん。百畳敷こしらえたかて、五十畳敷こしらえたかて、座るのは座布団一枚よりしかあらへん。三階・五階の家建てたかて、腰掛けるのは椅子一つよりあらへん。後は他の人が腰掛ける。立派な食器で食事をしましても、蒔絵のお膳でごちそうしましても、その蒔絵のお膳の前に座るのは他人が座る。自分は台所で五条坂で買うてきた茶碗でご飯いただく。これを「家を荘厳する」というの。

これは人間だけにあるものなん。他の獣や鳥が巣を立派にこしらえるとか穴を立派にこしらえるということあらへん。人間だけが家を立派にこしらえる。着物を立派にする。恰好を立派にする。次第に立派な家になると旦那さんも奥さんも子供さんも皆、立派な風をする。この考えや知恵は人間しかあらへん。

これがだんだん大きくなると、例えば大阪の城へ行きましたら、大きな石を太閤さんがでんと置いとかれる。それ何かと言うたら、太閤さんが石据《す》えたかて、石の上に腰掛けるのでもない。太閤さんて偉い人や、こんな事やられたというので、これは大阪を荘厳することになる。加藤さんは金の鯱《しゃち》ほこで名古屋を荘厳された。

このように昔から人間は家を良くし、故郷を良くし、国を良うするという知恵がある。皆を喜ばすという知恵がある。これが一般の人間なん。

ところが、その人間は良いことばかりやない。自分だけ良うして、他の者を痛めてでも、他の者が難儀していても、ほっといて自分だけ良うしようという毒がある。「我《が》」という毒がある。それが人間の社会に苦しみがあり難儀があるという話なん。そうすると、ええもんは愉快に暮らせるけども難儀なものは苦しんで暮らさんならん。そこで人間の五十年、七十年の生活に難儀ばっかりして暮らす人ができる。

そこへ向けて殺生の苦しみがある。病気の苦しみがある。死ぬという苦しみがある。そら火事や、そら水つきや、そら泥棒や、そら交通事故やと、また難儀がおこる。思うようになるということが少のうて難儀が多くなる。さらに人間が自分の家を荘厳しようというとき、自分の衣・食・住を立派にしようということの為には、好き嫌いがある。人の持っている物でも好きやったら盗《と》りとうなる。気にいらんかったら、よそのでも腹立てる。ほっといたらいいけども、見てられんと言う。好きな物は見てられんと、盗りに行く。嫌いなもんは見てられんと、喧嘩にはいる。こうして世の中は混乱状態になるの。それを見てられんというのが、仏さんなん。

仏さんていうもんは、あらへん。人間の心の中に、そういう心の人ができてくる。その人がどんな風に考えるかと言うと、これは何とか助ける道こしらえて、何とかええ塩梅《あんばい》にせないかんと考える。それが人間でいうたら王さんなん。自分の結果をみな良うして国を建てていこう、というのが王さんなん。日本では王さんを神さんという。国のお天子さんを神さんという。家の先祖は子孫を大事にしようというのと同じことなん。それを仏法では「菩薩《ぼさつ》」という。皆を良くしようという精神に出発するのが菩薩なん。その菩薩の行の間が長い。その長い行が段々と上ってきて仕上がったとこを「仏《ほとけ》」と言う。「仏陀《ぶつだ》」と言う。仏陀というものは、どこからできてくるのかと言うと、皆が苦しむので助けたいというところから、そういう人が出てくるの。その仕上がったのを「仏陀」と言う。別段、仏陀という種類あらへん。

菩薩が仕上がったのが仏陀になる。それが仏陀の出てくる歴史なん。仏陀になった人はどんなに考えるかと言うと、人間の世界は悪から悪へ流れて行く……、それでは助かる道がないから、この道を渡って来たら、わしの所へ出てくる……そのわしの所というのが極楽なん。

その修行のできた人の世界というものは、浄土であり極楽なん。ですから、仏さんは皆、自分の浄土持ってられる。『阿弥陀経』には、四方に浄土があり、仏さんがたんと(沢山)いられると書いてある。そのたんといられる仏さんが皆、浄土持ってられる。上にも下にも浄土がある。仏法でいう六つある。東西南北に上と下とで六つある。それにたんと仏さんがいられて皆、浄土持ってられる。その西の方の阿弥陀さんの浄土は、日本に知られてる。その西方の浄土には無量寿仏、無量光仏、大光仏、大明仏、宝相仏、浄光仏、その他沢山の仏がいられる。」

お経に嘘はない

仏さんはね、浄土こしらえて、浄土を荘厳して、そこで自分が、ええ塩梅《あんばい》にあぐらかいて楽しんでいるのと違う。それは人間でも今言うた通りやね。座敷こしらえて、庭こしらえて、自分があぐらかいてんのやあらへん。お客さんに来てもろて、喜んでもらう為にこしらえてある。阿弥陀さんの極楽でも自分が道楽をしてられない。皆、来る者の喜ぶようにこしらえてあるのが、阿弥陀さんの浄土なん。その阿弥陀さんの浄土が何でいいか言うたら、ここへ来たら寿命が無量なん。人間みたいに、もう死ぬ、もう死ぬと思わいでもいいの。寿命が無量なん。何聞いても、何見ても分かる。それ光明無量なん。寿命無量・光明無量で、百味の飲食があって、恐いもの、嫌なもの、涙を流すようなこと一つもあらへん。「おいない、おいない」言うて皆が来るのを待ってられる。そう『阿弥陀経』に書いてある。

そこへ行くについては、行く約束があると知恩院さんの浄土宗では言われる。この世の中の寿命が終わり寿命のないようになるのを「命終《みょうじゅう》」という。浄土宗関係のお方は、この命終の時に正念に邪道をおこさんと、妄念もおこさんし邪念もおこさんし、正念に阿弥陀さんを念じてすーとならないかんとね。命終の時に臨んで、心退転せず、心顚倒せず、正念にしていて、そして阿弥陀さんのとこへ、すーと行く。阿弥陀さんの浄土へ行くのには、そういう心で行く。命終やからね、それ人間の世界を離れてからの話なん。

上のもんから下の世界のもんは見えるが、下の世界のもんは上の世界見えへん。人間の知恵で仏さんの世界、菩薩の世界見えへん。お経に書いてある話しましても、そんなの嘘やと思う。ホラ吹いてる、ホラ吹いてると、こない思う。

人間以下に畜生の世界がある。虫けらにね、人間の生活を話したかて分からへん。蟻に、「おまえね、人間界の人間は、おまえの体の一万倍もあるような大きさなんやで」と言うてもね、蟻には分かりません。日本とアメリカと何千里あるやら分からん。それが一方で「もしもし」と言うたら、向こうで「ハイハイ」と返事をする。そんなこと虫けらに言うたかて分からへん。何で分からんのかと言うたら、知恵が違う。それと同じように、人間からは、仏さんの世界の話やら菩薩の世界の話やら分からない。

そういう世界がどのように書いてあるか言うたら「通力《つうりき》」ということが書いてある。菩薩以上は、通力がある。だんだん上になる程強い。阿弥陀さんの国へ行くと、六神通《じんつう》を得ると書いてある。六つの通力。どんなかと言うたら、まず目の通力——見通しが人間の目と違い、ずっと向こうまで見通して見える。天眼通《てんげんつう》という目の通力。それから天耳通《てんにつう》と言うて、遠い向こうの話が聞こえる耳の通力。つぎが神足通《じんそくつう》と言うて、遠いとこへ飛んで行ける通力。そして他心通《たしんつう》――仏さんと菩薩が顔見られたらね、思うてることが、物言わないでも分かったる。最後に他人の心がサッとつかまえられる宿命通《しゅくみょうつう》。顔見たらね、こら前の世が何であったということが分かる。

人間の通力と虫けらや畜生の通力は違う。今で言うたらね、畜生から人間の世界を見たら、神足通と言うたら飛行機で飛んで行く。天耳通と言うたら電話で話し、映画やテレビを見る。他心通と言うたら顔見たら話が分かる。宿命通と言うたら、その人の癖見たら前の世のことが分かる。そやよってね、お経に書いてあることに嘘あらへん。人間の知恵が足らんので、それが分からんだけなん。

そこでですわ、仏さんの世界があって、菩薩の世界があって、人間の世界があって、修羅道の世界があって、畜生の世界があって、餓鬼の世界があって、地獄の世界があるということが分かる。人間が善い事したら、もうすぐに天上界に生まれる。人間が人間の行いであったら人間にまた出てくる。畜生の真似していたら、今度は畜生になっていく。早う言うたら、そういうことやね。

それで生きている間、五十年、七十年というその間に善い事、悪い事を皆する。それが差し引きなん。善と悪が差し引きなん。それ秤《はかり》と一緒なん。重い方が下がる。軽い方が上がって、重い方が下がるの。悪い事ばっかりして、ちょっと善い事あっても、悪い方へ下がっていく。善い事たんとして悪い事が少なかったら、そりゃええ（良い）方が下がっていく。そやよってに人間の中でも、みな善いばっかりやない。九分まで善うて、ちょっと悪いのがある。悪い中にちょっと善いところがある。それは人間見たら分かる。「あいつはどうにもならんけどね、感心なこと言いよる、ちょっとよいとこある」とか「あの人は善い人やけども、ちょっといかんとこあるな」と、こない言う。

分かりやすう言うたらね、水というものはきれいなもんなん。それがちょっとドロが入ったらね、すぐ濁る。鉄けが入ったらちょっと紫色になる。塩がちょっと入ったら塩の味がつく。ドロが入ってドロ水、塩が入って塩水、鉄けが入って鉄け水なん。

人間の中に仏さんになる水、清浄な水がある。また畜生のような気ままという水がある。餓鬼のような欲の深いという水がある。修羅道のような短気という水がある。つまり各人の心の中に六道がある。仏さんの心もあるかわりに畜生の心もある。そこで人間の生活がこんなになる。善い人は心を荘厳しようとする、悪いもんはそれ破壊しようと思う。

それが戦争なん。他の国つぶして、うちだけようしようというのが畜生の心、修羅道の心になる。その原因が結果を生む。そやよってにね、その命終を待ってられん。そこに観音さんが出てこられる。

それどんなになるのかと言うたら、悪い事と善い事よう知っている。人間は、けどよんどころなく悪い事する。泥棒する。でもね、ええ塩梅であったら、泥棒しません。頭叩くのでもね、ポーンと叩く。ポーンとやった拍子にね、可哀そうにと思う。皆さんね、そんな人の頭なんか叩いた覚えないでしょうけど、わたし覚えあるんやね。小さい頭をパーンと叩いたらワァーンと泣きよる。叩くのは腹立つよってに、「この餓鬼！」とポーンと叩く。ポーンと頭なるとワァーンと泣きよる。その声聞いたら、可哀そうに……と、こう思う。

観音さんは三十三身に化ける

この人間の世界は悪いもんは悪いばっかりやない。可哀そうなという心、慈悲の心がある。慈悲の心があるのに、人のを盗ったりする。それが人間の世界やから、修行してよい

牢中の俊芿上人

塩梅に導かな、どんならん。それが菩薩なん。その因果の道理を解くのが菩薩の行なん。その菩薩が、高いところから、人間の目に一番良いところから教える言うたかてできない。子供を良うしようと思うたら、子供の仲間へ入らんならん。幼稚園の子供を良うしようと思うたら、先生や子供と同じよう遊ばないかん。若いもんを良うしようと思うたら、若い仲間へ入らないかん。喩えて言うたらね、気ままな息子があって、お母さんの言うこと、お父さんの言うこと聞かんのを、どうやったらよいやろかと言うたら、友達の仲良しがいたら、その友達に言うてもろたら一番いい。お母さんやお父さんの言う事は聞かんけども、友達の言う事なら聞きよるから、友達に言うてもろたらいい。友達が来て親が言うのと同じようにね、「聞く、聞く」言うと、その気ままな息子が「ウン、ウン」と言う事聞く。

キリスト教にね、賀川豊彦（一八八八－一九六〇）という人が居られた。社会運動やってられて、貧民窟へ入ってね、貧民と一緒に生きてられた。そういう運動やってられた。その先生がやっぱりそう言われたね。「そんな高いところから助けたる、助けたる言うのはあかん。仲間に入って友にならな助けられへん」と言うてね。それで貧民窟へ入ってられた。それが菩薩なん。溺れているもんはね、岸の上から「危ない、こっちへ泳いでこい」言うても、それでは助からんの。裸になって飛び込んで、浮き沈みしているやつを摑まえに行かなあかん。それが菩薩の行であり願なん。

人間の知恵と菩薩と同じ事なん。五十年、七十年のお互いは、仏さんの善いとこも知恵もある。どんな人が善いのかと言うたらね、やっぱり人さんの前で笑われたらかなん、憎まれたらかなんの。腹の中では歓迎しなくてもね、人が来られたら「ようこそ」と、こない言う。うるさいなと思うてたかて「まあいつもいつもおたずねを頂いて有難う」と、こない言う。これが人間の値打ちなん。人間は、見苦しい、汚い、嫌がられるというのが嫌いなん。そして自分の体を荘厳する。きれいにする。心をきれいに見せなどんならん。そういう希望、そういう知恵がある。ですから人間の社会はこういう立派な国土ができる。

今言うたようにね、五十畳こしらえたかて、自分が座るのは座布団一枚なん。あとはみな、よその人が座られる。それをこしらえたいのは、よその人によい塩梅になってもらうのが喜びだからなん。そして座敷ができたら親類や友達を御馳走して呼ぶ。すると来た人が誉《ほ》める。「良うやらはったなあ、ああ立派になったな。ああ床柱、この間よそ行きましたらね、そこの床柱、なんと五十万円やそうですわ」こない言われる。そこの人は床柱、何ぼや言いません。けども五十万円もする木の柱を見せれば、皆が喜ぶ。それを見せて喜ぶのやね。

人間は共同のそういう喜びがある。ですから金持ちの社会、貧乏人の社会、博打《ばくち》うちの社会、学者の社会、茶人の社会、そういうものが、人間にはある。気の合うたもんだけ皆集いをこしらえ、社会をこしらえるけど、その社会にみな観音さまが入られる。茶人の仲間には茶人になって入ってられる。運動家の集団には運動家として入ってられる。博打うちの仲間には博打うちとして入ってられる。

昔、俊芿《しゆんじよう》上人（一一六五—一二二七、京都・泉涌寺の開山）はね、牢《ろう》の中に入ってる人間を助けたいので、悪い事をして牢へ入られたということです。そういう芸をされるのが観音さんの行なん。それが三十三ある。三十三身に化けてそれぞれの仲間へ入り、皆の難儀を理解して、それを解いてやろうと、こういうような行をされる。この五十年の間に誰がそんな行してるかという所に観音さんが出て来られる。

観音の妙智力は、よく世間の苦しみを救うという。それ誰が言うてられるかと言うたら、お釈迦さんが言うてられる。それでこの観音さんの信仰いうものは、人間に離すことができんし、人間に離れることもできる関係を持ってられる。ところが、今言うように人間は我が強い。「わしとこは神道や」とか「私とこは仏教は仏教やけど本願寺さんやね」こう言う。それで観音さんはいろんな手を打たれる。それでよい、阿弥陀さん好きならば「南無阿弥陀仏」言うてられたらいい。キリストやったら「アーメン」言わはったらいい。天理教やったら天理さん拝まはったらいい……と、それでちゃんと通じるように、こちらの方で手分けがしてある。

観音さんは、こういう大らかなところがある。誰でもかれでも神仏、なんなと一つ信仰を持ったら、悪い事が五つが三つ、三つが一つにすむ。それが観音さんの知恵の世界なん。それみな『法華経』の中に書いてある。

私が今は手引っぱってもろて歩いています。そして杖ついて歩いてる。家の中は杖つかへん。しかし、まわりの者が、「けつまずいて、こけたら危ない」言います。こけたら足折れてしまうやな。よそへ行きませんのはね、もしよそでこけたらね、向こうさんに迷惑かけるし、ゴチャゴチャするよってに遠慮して行きません。おめでたい席なんていうのはね、断わって絶対に行きません。もしそういう時に向こうで、目まわしてひっくりかえったらね、「験《げん》が悪い」とか「縁起が悪い」と、皆さんにいやな思いさせせんならん。そやよってにね、お祝いに行ったりするとこには絶対に出ない。それ何でかと言うたら、自分の老境を知ってますから出ません。

自分のよろよろが分かってますから、必ず杖ついて行く。ところがこの杖ついたなりに、こける時はこける。杖握ったなりでこける。そこで手を持ってもらう。手を持ってもらうと、こける時に引っぱってもらうとこけへん。自分より力の強い人に持ってもらうと、こけません。そして石段を降りんならん時、手持ってもらうまで待ってる。信仰を持つということは、それと同じことなん。

人間の力で大抵の問題は解決する。けども倒れる時や破産する時は、人間だけでは破産もせんならん、夜逃げもせんならん、命捨てんならんような事がおこる。そら災難というもんは、何遍起こるや分からん。知恵がないから分からん。この間も飛行機が落ちて、なんや大ぜいの人が死んでられるね。それが分かっていたら、誰も乗らへん。そら、しようがないわね。この間どこやらで山崩れがあって、山の農家の人たちが家がつぶれて家族が土の中に埋もれたということです。今晩寝てる間《ま》に埋もれると言うたらね、逃げることも、よう分からへん。人間の知恵というもんはね、一時間の後に何事があるやらも分からへん。弁当持って、外へ出て轢《ひ》かれたりすることがある。一年に二万人ずつ交通事故で亡くなるという。こういうような危険があると注意してても間違いがあるん。

こんな世の中に、人間の知恵が足らんからね、「うまいことといかんな、なんでやろ、なんでやろ……」こう言うて暮らす。暗がりで探りもって暮らす。「この頃おやじの顔が恐いけど、なんでやろ……」とか「この頃お母さんの顔が妙な顔してる、なんでやろ……」と分からへんので探るやね。親の方は「この頃せがれ妙な顔しとるで」とまた探ってるのやな。言うたらいかんし、言わな分からんし、ああや、こうやと……他人はなおさら分からない。「あの人こん頃、なんでやろ、患いでもしてるのやろか……」あんまり三年も五年も来なんだらね、「あいつ変な奴やから、捕まえられてるんやないか……」こないまで思う。そんなこと言うたら怒られるから言いませんけどね、「あいつ妙やね、なんや妙な事をするから、ひっかかったんやないか……」こんなこと思うやね。逆に度々出て来たらね、「あの人なんであない毎日、来るのやろ、何にも言わんと、なんでやろ……」とね。親も兄弟も夫婦も他人も、この世の事がお互いが真暗けや。探りおうて暮らしてる。こんだけ働いて、帳面では儲《もう》かってるのに、何で金庫は空やろ、なんでやろ……分かること一つもあらへん。何かを食べておいしかったら、「うまいな、うまいな」言うてる。後でお腹悪うなったら、「あいつめ、祟りくさった」と、こない思う。夏にあたり夏にさわられ、気候にあたり気候にさわられ、山に登って祟り、海に入って祟り、何にも分からんとやね。なんでやろ、なんでやろ……五十年、七十年のこの世の中に、こんな人間が寄って社会作って国がうまい事いくか、いかんか……いかんのが当たり前なん。

せめて自分だけでも安全に行こう思うて、あれこれと探していたら、お釈迦さんが観音さんを紹介してくれられた『法華経』の第二十五の「普門品」があった。そこで観音さんということについて、お釈迦さんが演説されるのをかいつまんで偈文にしてあるのが、このあとお話をすすめてゆく「世尊偈」であります。

第二講

世《せ》尊《そん》妙《みょう》相《そう》具《ぐ》
我《が》今《こん》重《じゅう》問《もん》彼《び》
仏《ぶっ》子《し》何《が》因《いん》縁《ねん》
名《みょう》為《い》観《かん》世《ぜ》音《おん》
具《ぐ》足《そく》妙《みょう》相《そう》尊《そん》
偈《げ》答《とう》無《む》尽《じん》意《に》
汝《にょ》聴《ちょう》観《かん》音《のん》行《ぎょう》
善《ぜん》応《のう》諸《しょ》方《ほう》所《じょ》
弘《ぐ》誓《ぜい》深《じん》如《にょ》海《かい》
歴《りゃっ》劫《こう》不《ふ》思《し》議《ぎ》
侍《じ》多《た》千《せん》億《のく》仏《ぶっ》

世尊妙相を具したもう
我いま重ねて問いたてまつる
仏子何の因縁ありてか
名《なつ》けて観世音と為《す》る
妙相を具足したまえる尊
偈《げ》をもって無尽意に答えたまわく
汝観音の行を聴け
よく諸《もろもろ》の方所に応ず
弘誓の深きこと海の如し
劫をへても思議すべからず
多くの千億の仏に侍したてまつり

発《ほつ》大《だい》清浄《しょうじょう》願《がん》　大清浄の願を起こす
我《が》為《い》汝《にょ》略《りゃく》説《せつ》　我汝の為に略して説かん

世尊は一番尊い仏

「世尊妙相具」本読みにすると、世尊妙相を具したもう、こう読んでよろしい。世尊妙相を具したまえり、それでも良いわね。「我今重問彼」我いま重ねて問いたてまつる。「仏子何因縁」仏さんの子というのは、お弟子のことをいう。その仏さんの子が、どういう因縁で観世音と名づけるかと、仏さんが偈をもって無尽意菩薩に答える。

「汝観音の行を聴け、よく諸《もろもろ》の方所に応ず。弘誓深きこと、海の如し。劫をへても思議すべからず。多くの千億の仏に侍したてまつり、大清浄の願を起こす。我汝の為に略して説かん」と、こういう初めの話に入る道行きなん。これを偈文という。偈文とは、ここでは五字からなる詩文をいう。偈の前のを長行という。その長行がすんで、終いに偈文がついた。それで重ねて問いたてまつるという話が出てくる。

この「世尊妙相具」が面白い。面白いと言ったら悪いけどね、世尊というのは、仏さんを敬う名前なん。世の中において一番尊いお方、それを尊という。厳密に言うたら、世間、出世間において一番尊敬すべきお方が世尊なん。

日本でお天子さんのことを「天皇さん」という。天皇さんが日本で一番敬われる。そら何でかと申したら、手の届かんのが天なん。お天子さんに手届かすもんはあらへん。それでその天子——私らまだ「天子、お天子」と申し上げる。古い癖で「天皇さん」なんて申さん。この皇の字は中国から入ってきた字なん。千字文に「人皇」と書いてある。その人皇が日本に入ってきて、一番の始まりは「神様」と言うわね。天の神様、地の神さん、天地人いうわね。日本で言うたら天の神さんが七代、地の神さんが五代、それから人皇、人間の王さんになる。その人皇の、人の字を取って天の字につけたのが天皇なん。聖徳太子がその言葉をこしらえられた。憲法の三条に、「君を天とし臣《たみ》を地とす」と書いてある。

そんな国の王さんの名を家来のもんがつけるという甲斐性はないし、学問はないし、そんな地位にないものは、天皇の名なんてつける訳あらへん。お天子様になる程のお方であり、天皇の仕事する摂政のお太子さんであるから、そのお名前をつけて通るけども、そら民間人はね、そんな生意気なこと言うわけあらへん。それで聖徳太子がつけられたということに間違いない。

世間、出世間で一番尊いという仏さんを世尊という。そして、仏さんに名が十ある。如来さんというのも仏というのもある。よけい名があるの考えたらね、観音さんがたんとある。なんで「観音さん」と言いますのかとね、この大ぜいの仏さんの修行するお弟子さんの中で、なんでこの人を「観音さん」と言うのか、こういう問題なん。それを無尽意菩薩という人が尋ねられたん。

初めの文章に書いてある。お釈迦さんが霊鷲山という山におられた。この山はあまり高い山ではない。この霊鷲山とは何かと言うたら、岩屋の上に鷲が羽根ひろげて上へ登っているような恰好に見える。上に行ってみると洞穴になっている。それを見た時に、なるほど、霊鷲山というのを「鷲の峰」と書いてあるのはこのことやなと思うた。その霊鷲山で『法華経』を説かれたということが初めに書いてある。

その次に、座ってる中から無尽意という人が立たれた。右の肩を膚ぬぎ、左の肩は着たままなん。今でも同じや。今日でもその時の真似をしている。大きな風呂敷みたいなものを肩から掛ける。それは拾い集めた布で作ってあり、つぎつぎにしてある。一番簡単なのが五条袈裟、その次が七条、九条とある。禅宗、真言、天台、浄土、我々の方も七条を掛ける。左肩に掛け、右肩は掛けないでめくる。インドは暑い国だから、直に膚が出る。偏《へん》袒《だん》右《う》肩《けん》やから、右の肩をぬぐ。

何で右の肩をぬぐのかと言うたら、御用がありましたら何でも言うて下さい、御用は何でも務めます、という気持ちを表わすために、膚をぬぐ。日本では「どうも、すんまへんけれど、一膚ぬいで下さい」と言う。それは簡単にいかんよってに、「一膚ぬぎましょ」と言う。右の肩をぬぐということを一膚ぬぐという。厚かましかったら、「両膚ぬいで下さい」と言うて、両膚をぬいでしまう。日本でこの真似をする。

町の人は行儀が良いから喧嘩することあらへんが、田舎で喧嘩する時は、「さあ来い」言うて両方ぬいで喧嘩をする。着物が破れるよってやけど、裸になって喧嘩をする。働く時に膚ぬぐというのがこれなん。

お釈迦様の前へ行って、無尽意菩薩が立って、右の肩を膚ぬいで、手を合わせる。この手を合わせるというのが礼儀なん。敬いの礼儀である。手を合わせるのは人間だけよりあらへん。礼儀の無い世界に生まれたら、手を合わさん。人間以外の者は手を合わさへん。

動物の世界で真似のできるのは猿だけなん。人間だけは手を合わせることができる。肩ぬいで、それで尋ねられる。右の肩をぬぎ手を合わせる。

日本では、神におうた時は手を叩く。陽気でよろしい。話をした時、歓迎会で話した時、皆手を叩く。皆おもしろい時に手を叩く。陽気でよろしい。手を合わせるだけでは陽気にならへん。手を叩く方が、陽気やね。

神さんの場合、陽気で手を叩く。仏さんの場合、静かに手を合わせる。宗教における祭は、手を叩く方がよい。祇園祭でも、鉢巻きして、ヤアヤア言うて手を叩くはね、陽気でよい。仏の祭で、ヤアヤア言うて、手叩くわけにはいかん。仏さんの前へ行ったら手を合わさないかん。これは静かに敬意を表する形なん。心を静めて敬意を表するのは、これの方がよい。

昔はお天子さんは神さんやった。お天子さんが通らはったら手叩いた。この頃これ禁令になった。お通りになっても、手を叩くことならんと、手を叩かへん。田舎行ったら、叩くかもしらん。

仏さんの方へは静かに敬意を表するのやから、静かに落ち着いて合掌する。無尽意菩薩は仏さんの方を向いて、「何で観音さんと言いますね」と質問した。このお経の中に、観音さんの名に仁者というのがある。また施無畏《せむい》というのがある。世を救うという名がある。このようにお経にも、いくつも名前がある。普通、『般若心経』を読む時は観自在菩薩、「普門品」の時は観世音菩薩、それから仁者、救世の菩薩、施無畏の菩薩とある。また観音さんの種類の中へ入ったら多くある。聖観音、馬頭観音、十一面観音、千手千眼観音、楊柳観音、如意輪観音というように、観音さん程、多くの名前があるのは他にない。衆生の信仰が厚いからなん。その中で仏さんが何と答えられたかと言うと、「観世音」と答えられた。

『般若心経』の場合は、観自在菩薩という名前になっている。知恵を中心とした場合、観自在なん。知恵の働きを観という。観という字は、知恵で観ることをいう。「ちょっとこれ見て」と言われても、知恵が無かったら何や分かりません。見る人が見たら、これ本物や、これ偽物やということが分かる。それは観の字の働きなん。

「この茶碗は、どうでしょう、ちっと見てくれまへんか」目の悪い人は、なんぼ見ても分かりません。「結構ですな」「何が結構ですか」「何や分からんけど結構です」こないに言う。「見れども見えず、聞けども聞こえず、食えども味わいを知らず」で、見て、聞いて、食べても、ほんとのことが分からん。

専門の方を「目利《めき》き」という。刀やったら誰々に見てもらいなはい、茶碗やったら誰々や、掛物やったら誰に見てもらいなはい、着物やったら誰々……、これを「目利《めき》き」という。「利」とは働きの良いこと。耳の働きの良いのを「耳が利く」と言う。味わいの時は舌で利く。酒なんかは口で利く。これを「利《き》き酒」という。口に入れるだけで、「これは特級やな」と利く。これらが今言うたら観の字にあたる。観という字は、利くという字なん。

世音と書いたら世間の声、世間の声を目で見る。声というものは耳で観るものなん。観というたら、見るということなん。声の場合は耳で観る。匂いの場合は鼻で観る。軟らかい硬いは手で観る。このように皆、観の一字に入って来る。

この場合は、世間の音声を観ずる。皆は黙ってない。暑かったら「暑いな」と言い、涼しかったら「涼しいな」と言う。良いとか悪いとか、皆黙ってないのが人間なん。何か事があると、ゴチャゴチャ皆が言う。次の番待ってられへん。話してても長かったら、「あと言わして」と言うわね。家中が声出して、ゴチャゴチャになる。

観音さんは、普陀洛山という所に住んでられる。観音さんが禅定力に入られたら遠い所の声が聞こえる。定《じょう》に入られたら、誰かが何か言うていることが聞こえる。どんな声が聞こえるかと言うたらね、「かなんな、えらいこっちゃ、こんな目におうたらかなんな」という声が聞こえる。すると、これは放っとけんなと思われる。それが観音なん。この人の名前は、観世音という名前や。その観世音、世間の声というたらどんな声か、ということについて、ずっと書いてある。

妙相ということ

いま話をしたいのは、妙相についてなん。世尊妙相なん。相いうたら姿のことをいう。顔見たら人相、家見たら家相、土地見たら地相なん。物の形のあるものを相という。妙相というのが有難い。お釈迦さまが妙相なん。どんな妙相や言うたら、何とも言えんというのが妙相なん。何とも言えんというのは、どんなんかと言うたら、何とも言えんというさかい、何とも言い表わせん。

天気みな妙相なん。阿弥陀ヶ峰に薄霞引いた所なんかは妙相やわね。冬、山に雪が積もって舞台から見たら、これも妙相なん。秋の月が昇って来ても、妙相なん。このように何とも言えんなというのが妙相なん。天に妙相あり、地に妙相あり、国土に妙相がある。天の橋立、安芸の宮島、奥州の松島、これ日本三景。水と山との取り合わせ。富士山も妙相、鴨川も妙相、天地にみな妙相がある。人間にも妙相がある。

お釈迦さんの顔見たら妙相に受け取れる。こういう話は多くある。聖徳太子の時代に伝わってきたお経に『勝鬘経』がある。勝鬘夫人のところへお釈迦さんが弟子連れて行かれた。その時に勝鬘夫人がお釈迦さんの顔を見て「如来妙色身」と言われた。如来さんの顔見たら、「何とも言えんお顔やな、有難いな」と言われた。これが世尊妙相の始まりなん。このことがお経の初めにある。

奈良の寺でも、清水でも御法要の時、導師が「如来妙色身」と唱える。これ日本語では「唄《ばい》」という。節つけてやる。すると大衆が花を持って、「香華供養仏」と言うて花をまく。昔、偉い仏さん迎える時、歩く所へ花をひいた。地に花をひく。誉める時は「天から花降った」と書いてある。西洋でも偉い人を迎える時、地に花をまく。

天から花降って
地に花がおきるというのか
荘厳の姿にする

わたしも一度見たことがある。貞明皇后さんが、奥さんになって御所に入られる時に、九条家で宮内庁の偉い人をお客さんされる。丁度わたしが九条家に居ましてね、その座敷を拝見したらね、ずっと花がまいてある。それ聞いたらね、一番の良い時には、ずっと歩く所に花をまくということなん。西洋の礼式ですけれど、それを見せてもろうた。

わたしはお経と同じことやと思うた。一番大切にする時は、歩く所へ花をまく。今日では法然院(京都、左京区)さんで阿弥陀さんをまつった足元に二十五の花を毎日まかれる。日本国中でこの法然院さんだけにそのしきたりが残っている。他にこのようなことをする所はどこもない。花の無い時は、どないするのか言うたら、新しい葉でもよい。二十五枚の葉をまく。これはどこから出て来るかと言うと、インドのお釈迦様を迎えた所から出て来ている。これは荘厳するということなん。国土を荘厳するのです。浄土のきれいなのは、天から花降って地に花があるというので荘厳の姿になる。寺に花植えたり木を植えるのは、お寺の荘厳になる。

それから話は妙相に入って、何とも言えんな、有難いと言われる。それを写したのが仏像なん。阿弥陀さんの顔でも、大日さんの顔でも同じことなん。お爺さんでないし、息子さんでないし、年寄らず、若からず、いくつかと言うても、いくつや言えへん。人間の顔は、若い言うたかて見たら分かる。「この阿弥陀さんいくつくらい?」「さあ三十くらい」「そら若すぎるな」「いや五十くらい」……そんなことあらへん。年寄らんし、若うもない、何とも言えん年なん。これが妙相なん。

だから仏像は難しい。妙相をねらわんならん。お釈迦さんの顔見たら、何とも言えんな。有難い。それはどこから出て来るかと言うと、お釈迦さんに三十二相ある。眉毛は蚕さんみたいな眉毛やないといかん。鼻は穴が見えるようなのはあかんの。向こうから見て、蓮根の切口みたいに見えたらあかん。

昔、聞いた話やが、西洋から日本に隆鼻術が伝わった。九州で金持ちの奥さんが、この手術をされた。鼻の皮むいて何やら入れて、鼻がスーと通って良い鼻になったそうな。それが評判になって、「あの人の鼻は恰好の良い鼻や」と評判になった。ここまでは良かったのだが、五年たち、十年たちしたら、顔がやせて骨が立って、シワが寄ってきて、顔が年寄りよったんやけど、真ん中の鼻だけ年寄らへん。こうなったら鼻も一緒に年寄ってもらわにゃ、どうもならんわね。また、皮むいてもらうわけにはいかんわね。えらいことしたという話なん。

年寄りらしい顔してるのがよろしい。それが妙相なん。若い人は若い人で、水のたれるような顔してたら、それが妙相なん。年寄りが水のたれるような顔してたら化物なん。年寄りは年寄りらしく、若い者は若い者らしくしていたらよろしい。

如来さんは、誰が見ても誰が拝んでも、有難いなと思う。こういう恰好になるために百劫の間修行をしてられる。百劫とは時間が長いことをいう。長い年月の間修行していられる。どんな行かと言いますと、心の平和、人に嫌われん顔の行がある。分かりやすう言うと、腹を立てん、人に嫌がられる顔をしない。一番嫌がられる顔は怒った顔で、年中怒っている人は顔見ただけで嫌われる。にこにこしている人見たら、正月見ても、夏の最中に見ても、暑くても寒うても、にこにこしてられる。それで人に好かれる。にこにこすることは憎い心を持たんこと。憎い心を持たへんということは行《ぎょう》なん。好かれる顔は、憎い心を持たんようにすれば好かれる。憎い心を持ってたら、どんなに化粧しても好かれへん。仏さんはどんな人が見ても拝んでも、仏さんの顔見たら、ああ、有難いな、結構やな、と思う。

宿世の業の良い人が、良い姿に生まれてくる。兄弟の中でも皆良いというわけにはいかへん。良いのと悪いのとできる。西瓜作ったかて、南京作ったかて、みな良いとはかぎらへん。きゅうり作ったかて曲がったのができてくる。一本の根から出ても、みな良いとは言えへん。各々恰好がみな違う。常の行いによってその恰好が出て来る。ですから平常の行いが良いと、誰が見ても、何にしても、その人相が良うなる。それが徳相なん。

仏相いうのは目から鼻、口から手から指、足から身体から、三十二相の徳相が書いてある。そやからお釈迦さんが来られた時、勝鬘夫人が喜ばれて、「如来妙色身」と言われた。それから十大願、十大誓約ができることになる。

つぎにお釈迦さんがそれ聞いて、「おまえは当来何々の時間をかけ、この心が変わらん以上は何々如来になる」という話をされたことが『勝鬘経』の始まりになる。

この妙相ということは簡単な芸ではない。しかし又、難しいことではない。人間の心が清かったら、姿が綺麗になる。心が行儀良かったら、姿が行儀良うなる。人間の姿が良うなれば、家の中が綺麗になる。家並が綺麗になったら町並が綺麗になる。日本の町並の中で京都が一番綺麗で、一番着物の姿がようて言葉が綺麗で、人間が綺麗でというのは、千年の間の修行の力なん。千年の都の流れが今日まだ残っている。何千年もの京都の良さは、京都の人間の心がゆがまん限り変わらへん。これが国土荘厳になる。

外国人の顔見たら、日本人の顔と違うけれど、品の悪いのは余りあらへん。行儀が良い。大きな国の良い人は行儀よいなと、こない思う。これが相なん。

「世尊妙相具」とは簡単なことやけど有難い。国土を荘厳して立派な国にしようと思うたら、皆の心が立派にならんといかん。立派にせないかんということは信心せないかん。神さん、仏さんをお手本に持ってもらわないかん。こういう意味が「世尊妙相具」なん。どうして観世音と名づけるかという問いに対して、お釈迦さんが偈をもって無尽意に答えられる。

観音さんと連絡をつける

「汝観音の行を聴け」汝いうたら、お前さんということ、観音の行を聞け。「よく諸《もろもろ》の方所に応ず」目で聞き、耳で聞き、皆が困っている難儀が見える。その時すぐに偏祖右肩、すぐに手を出してやらないかん。思うたんやったら手伝うてやらないかん。難儀しているならば手伝ってやらないかん。自分に関係ないことやと言うて放っておくということは、それは観音さんやない。「よく諸の方所に応ず」であって、場合場所を嫌わん。自分が何をしている場合でも、手を出してやらないかん、それが観音の行なん。

昔、田舎では、年寄りに道で会うと、荷物なんかは若い者が持たんならん。これ規則があるわけやない。そういう風になっていた。これは中国の教えなん。五十歳以上の人は、道歩く時に物を背負うたり、さげたりさせたらあかんと書いてある。それが、昔の田舎に入って、若い者が手があいていたら必ず持つことになっていた。昔は観音さんの教えということではなかったけれど、気のついたことは人の事でも皆せないかん。家の中が皆、観音の行に入る。「諸の方所に応ず」という気持ちさえあったら家の中の整頓が皆でできる。これはお前の仕事や、これはあんたの仕事や言うてたら、家の中がばらばらになる。観音の信者であり、観音の行者であるのが知らんことはしょうがないが、知っていることは片膚ぬがないかん。それが「汝観音の行を聞け、よく諸の方所に応ず」ということになる。これが観音の願なん。

「弘誓深きこと海の如し、劫をへても思いはかるべからず」菩薩の誓願というものは、分からへん。仏になる悟りを開くまで、この願を置くのが菩薩の行なん。それが歴劫にも思いはかるべからず、どないに長いこと考えたかて、その願の深いということはなかなか考えられない。お互いの人間の世話している者が仏さんになれと言うても、いつのことやら分からへん、これが「歴劫不思議」なん。

この観音菩薩が多くの千億の仏につかえたてまつり、大清浄の願を起こす。それはどういうことかと言えば、自分の利益、自分の便利、自分の損得、その自分ということを考えない。それがきれいな心やという。人の事するにも、こうしてやると頭下げよるやろ、こうしてやったらこうやろ、というのは清浄にならへん。これは恩を着せることになる。これを申せば「お前ちょっとしたこととして、えらい恩に着せるな」と言われる。

人の事やったり、人の世話しても、「これはおれがした、これはおれがやった」とか、自分でしたことをそろばんに入れるのは、清浄の願ではない。できるだけの事は人間はすべきものなん。国民である以上は、国のことはせんならん。家の人間である以上、家の事はできるかぎりせんならん。人間である以上、人間同士のことは、できるだけするのが当たり前なん。親に孝行することは、子の当たり前なん。世間のために働くことは、人間の当たり前のことなん。

礼を言うてもらう、有難いと思うてもらうということは贅沢で、できるだけのことは、食べて生きていくにはするのが当たり前やと。こういう天地の心になってできるだけのことは心をつくし、身をつくしてやることができたら、これが大清浄の願になる。できなんでも願はいい。実行ができなくても願をこしらえればよろしい。「したいなあ」「そうせんならんなあ」こういう心がけが願なん。その願だけ起こしておけば機会がある。観音さんは見てられる。この心を起こしたから、これいけるやろかとか、ああいう願持ったから忘れてへんやろかとか、観音さんが時々試験しておられ、見てられる思うたら落第をしない。

それ、どない思うたらいいかと言うと、お月さんは天の上に一つあるけど、信心の水があったら、茶碗にも、たらいにも、草の葉の露にもお月さんの姿が入る。知恵が入ってくる。水汲んだら入ってくる。水を捨てたらあらへん。それと同じで、信心があったら、観音さんの知恵がそこに湧いてくる。捨てたかて、お月さんの光はここに来てある。それが水汲んだら見える。捨てたら見えへんだけで、月さんの所へ光が帰らない。観音さんの知恵はこの身辺にある。わたしが心を起こしたら観音さんに聞こえる。願を起こしたら観音さんに聞こえる。難儀やったら観音さんが心起こして手出してつかまえてくれられる。それが「よく諸の方所に応ず」で、清浄と大清浄との願を起こす。そういう人が観音さんやという。我、今汝の為に観音さんの誓願をやね、観音さんの働きの話を説く。観音さんのお名を聞き、観音さんの姿を拝んで、忘れなんだら、人間世界の難儀というものが、それで無いようになるのやと、このようにお釈迦さんが言うてられる。

人間の世界というものは、難儀なん。観音さんを信心したら、紹介されて、難儀が無いようになってしまう。観音さんを信心したら、いいという名を聞き、観音さんのお姿を拝む。そうすれば諸々の難儀というものが、人間の一生の中に無いようになる。

「むなしくすごさざれば」心に持っているのは、長時間生きてる間つづく。むなしくというのは、キョロとしていること。えらい難儀やな、えらい困ったな、どうしようかしらん言うて、ほっとかへん、どないかなるようになるやろ。むなしく過ごして放っておいて、こら困ったな、こら難儀やな、まあ放っとけ、というのはあかん。信心する者は、そんな粗末なことではあかん。難儀に遭うた時は、「南無観世音、南無観世音」と唱えると、信心の心の中に観音の妙智力がうつってくる。あ、これやな、あ、ここやな、ああ、有難いな、勿体ないなという世界がそこで展開される。

その世界が展開されたら、観音さんと連絡がつく。それを観音さんが、人間の目には見えんけど、みな聞いてられる。心の中をみな聞いてられる。口で言うやなしに、心の中に持っているのを、みな観音さんが聞いてられる。これが偈文の中の小節なん。

こういうわけやから皆、観音さんのことをよく聞いて、心を失わんように、観音さんをしっかと持っていないかん。

第三講

聞《もん》名《みょう》及《ぎゅう》見《けん》身《しん》　名《な》を聞き及び身《み》を見
心《しん》念《ねん》不《ふ》空《くう》過《か》　心に念じて空《むな》しく過《す》ぎざれば
能《のう》滅《めつ》諸《しょ》有《う》苦《く》　能《よ》く諸有の苦を滅す
仮《け》使《し》興《こう》害《がい》意《い》　仮使《たとい》害の意を興《おこ》して
推《すい》落《らく》大《だい》火《か》坑《きょう》　大いなる火坑に推《お》し落《おと》さんに
念《ねん》彼《び》観《かん》音《のん》力《りき》　彼《か》の観音の力を念ぜば
火《か》坑《きょう》変《へん》成《じょう》池《ち》　火坑変じて池《いけ》と成《な》らん
或《わく》漂《ひょう》流《る》巨《こ》海《かい》　或《あるい》は巨海に漂流して
龍《りゅう》魚《ぎょ》諸《しょ》鬼《き》難《なん》　龍魚諸鬼の難あらんに
念《ねん》彼《び》観《かん》音《のん》力《りき》　彼の観音の力を念ぜば
波《は》浪《ろう》不《ふ》能《のう》没《もつ》　波浪も没《もつ》すること能《あた》わじ

或《わく》在《ざい》須《しゅ》弥《み》峯《ぶ》
為《い》人《にん》所《しょ》推《すい》堕《だ》
念《ねん》彼《び》観《かん》音《のん》力《りき》
如《にょ》日《にち》虚《こ》空《くう》住《じゅう》
或《わく》被《ひ》悪《あく》人《にん》逐《ちく》
堕《だ》落《らく》金《こん》剛《ごう》山《せん》
念《ねん》彼《び》観《かん》音《のん》力《りき》
不《ふ》能《のう》損《そん》一《いち》毛《もう》
或《わく》値《ち》怨《おん》賊《ぞく》繞《にょう》
各《かく》執刀《しゅうとう》加《か》害《がい》
念《ねん》彼《び》観《かん》音《のん》力《りき》
咸《げん》即《そっ》起《き》慈《じ》心《しん》
或《わく》遭《そう》王《おう》難《なん》苦《く》
臨《りん》刑欲《ぎょうよく》寿《じゅ》終《じゅう》

或は須弥の峯《みね》に在《あ》りて
人に推《お》し堕《おと》されんに
彼の観音の力を念ぜば
日《ひ》の如《ごと》くにして虚空に住せん
或は悪人に逐《お》われて
金剛山より堕落せんに
彼の観音の力を念ぜば
一毛をも損ずること能《あた》わじ
或は怨賊の繞《かこ》みて
各《おのおの》刀《つるぎ》を執《と》りて害を加うるに値《あ》わんに
彼の観音の力を念ぜば
咸《ことごと》く即《すなわ》ち慈心を起《おこ》さん
或は王難の苦に遭《あ》いて
刑に臨《のぞ》みて寿終《いのちおわ》らんと欲《ほっ》せんに

念《ねん》彼《ぴ》観《かん》音《のん》力《りき》
刀《とう》尋《じん》段《だん》段《だん》壊《ね》
或《わく》囚《しゅ》禁《きん》枷《か》鎖《さ》
手《しゅ》足《そく》被《ひ》杻《ちゅう》械《かい》
念《ねん》彼《ぴ》観《かん》音《のん》力《りき》
釈《しゃく》然《ねん》得《とく》解《げ》脱《だつ》
呪《しゅ》詛《そ》諸《しょ》毒《どく》薬《やく》
所《しょ》欲《よく》害《がい》身《しん》者《じゃ》
念《ねん》彼《ぴ》観《かん》音《のん》力《りき》
還《げん》著《じゃく》於《お》本《ほん》人《にん》
或《わく》遇《ぐ》悪《あく》羅《ら》刹《せつ》
毒《どく》龍《りゅう》諸《しょ》鬼《き》等《とう》
念《ねん》彼《ぴ》観《かん》音《のん》力《りき》
時《じ》悉《しつ》不《ふ》敢《かん》害《がい》

彼の観音の力を念ぜば
刀《つるぎ》尋《つ》いて段段に壊《お》れなん
或は枷鎖に囚禁せられて
手足に杻械を被《こうむ》らんに
彼の観音の力を念ぜば
釈然として解脱を得ん
呪詛諸の毒薬に
身《み》を害せんと欲《せ》られん者《もの》
彼の観音の力を念ぜば
還《かえ》りて本人に著《つ》きなん
或は悪羅刹
毒竜諸鬼等に遇《あ》わんに
彼の観音の力を念ぜば
時《とき》に悉《ことごと》く敢《あ》えて害せじ

若《にゃく》悪《あく》獣《じゅう》囲《い》繞《にょう》
利《り》牙《げ》爪《そう》可《か》怖《ふ》
念《ねん》彼《び》観《かん》音《のん》力《りき》
疾《しっ》走《そう》無《む》辺《へん》方《ほう》
蚖《がん》蛇《じゃ》及《ぎゅう》蝮《ぶっ》蝎《かっ》
気《け》毒《どく》煙《えん》火《か》然《ねん》
念《ねん》彼《び》観《かん》音《のん》力《りき》
尋《じん》声《じょう》自《じ》廻《え》去《こ》
雲《うん》雷《らい》鼓《く》掣《せい》電《でん》
降《ごう》雹《ばく》澍《じゅ》大《だい》雨《う》
念《ねん》彼《び》観《かん》音《のん》力《りき》
応《おう》時《じ》得《とく》消《しょう》散《さん》

若《もしく》は悪獣囲繞して
利《と》き牙《げ》爪《そう》の怖《おそ》るべからんに
彼の観音の力を念ぜば
疾《と》く無辺の方《かた》に走《はし》りなん
蚖蛇及び蝮蝎
気毒煙火の然《も》ゆるごとからんに
彼の観音の力を念ぜば
声《こえ》に尋《つ》いで 自《おのずか》ら廻《かえ》り去《さ》らん
雲《くも》りて雷鼓掣電し
雹を降《ふら》して大雨を澍《そそ》がんに
彼の観音の力を念ぜば
時に応じて消散することを得ん

観音さんの力

今回は皆さんが難儀したとき、観音さんの力を念ずると救われるという話をします。

力ってどんなんかと言いますと、身体には身体の力がある。重たかったらかなわんというのは、力が足りんということなん。知恵の力というものもある。

力というものは見えない。しかし力は働くと分かる。動物にもそれぞれ知恵の力がある。これは自分を守るための力なん。人間には、いろいろな力がある。知恵の力、位の力など、いろいろある。市長や大臣やと言うたら地位の力が働く。財力や権力というのもある。自然にも、空や水や光に力がある。その力はどこにあるかと言えば、あるところが分からない。それが大きくなったり、小さくなったりする。人間で言うたら、身体の力は若いときは多くあるし、年寄ったらだんだんなくなる。抜けたり入ったりするものではない。体力に応じて出てくるものや。出そうと思うと、あるだけの力は出る。

「相撲取りを動かす蚤の力かな」という言葉がある。三十貫も四十貫もの物を動かしよる相撲取りでも、蚤がチョット刺しよったら、飛び上がる。それは何かと言えば力なん。力の出どころが分からん。嫌いな物持ってくれと言えば重くなる。「おまえ町に出るのやったら、これあそこまで届けてくれ」と言うたら、「こんな重い物は持てまへん」と言うてことわる。「これ、あんさんに上げます」と言うたら、たいがいの物は持てる。送ってあげると言われても、自分で持って帰れる。

力と言うものは、化け物みたいなもので、好きなことやったら出るし、嫌いなことやったら出ない。昔の田舎では、お母さんは赤ちゃん背負うて畑仕事をしたもんなん。抱いても重いのに、それに背負うて仕事までする。これお母さんならではのことや。父親ではとてもできん。知恵でも出そうと思わんと出ない。好きなこと、じっと考えていると知恵が出てくる。わたしはね、経典の話やいろいろしますわね。これわたしには知恵はない。これは何かと言えば、覚えているという力なん。細かく言いますと、心の中に知恵に働く力と記憶に働く力がある。知恵に働く力というのは、じっと考えているときに出てくる。分かったとなると、もういない。記憶の力というものは、いろんなことを覚えているけど、好きなことやったら忘れへん。嫌いなことやったら忘れてしまう。

昔、大阪の四天王寺さんの仏教文化講座に招かれて行ったことがある。お太子さん（聖徳太子）のお寺やからまいりました。それでね、「どんな話をしたらよろしいか」と尋ねた。それ何でかと言えば、毎月やってられるので、どの先生が来られてもお太子さんの話をされるので、又あの話かとなってはいかんと思った。記憶の力がある人は前の話、覚えてられる。わたしらもう惚《ぼ》けていますから、記憶の力で持っているだけしかない。眼がうすくなって新聞は見えないし、本も読めない。力を養う道がない。若いときに入れてあるだけしかない。学者とか偉い人は、毎日新たな力を養われる。年寄ったらその力が出てこない。それでまあ題を決めてもろて、一番初めに四天王寺さんの話をした。

わたしが七歳か八歳の頃、大和にいましたとき、国分に出て八尾平野を通って四天王寺に入った。その頃は乗り物いうたら人力車しかない。わらじ履《は》いて歩いて行く。足が痛くてかなわんから、車に乗せてくれって頼む。もう少し行ったら乗せてやるて、そう言うてなかなか乗せてもらえない。泣き泣き歩いて行った。それで一番最初に四天王寺さんに参った。しばらく滞在して帰ったのやけど、なにが記憶に残っているかと言うと、面白いのが一つある。「天王寺蓮池で、亀が甲干すはぜ食べる、……」という歌を覚えて帰った。何十年昔のことやけど、四天王寺さんへ行かんならんと思ったら出て来た。

念じる事によって
観音さんの力と
人間の念力が出会う

それをお話したら、記憶がよいと誉めてもろうた。皆の頭の中に蔵《くら》がある。その中にみな入っている。記憶のよい人は蔵が大きい。蔵はね、大きな荷物は奥に入れる。小さい荷物は入口近くにある。学者というのは、荷物が大きいのや。わたし、じっと考えたら、経典のお話みたいな大きな物は、荷物が大きいから蔵に入れるのが大層やから、「入れんとこ、入れんとこ」と入れてないのであらへん。何があるのかと言えば、出し入れの楽なんだけがある。

わたしの話が誰でも分かってもらえるのは、荷物が小さいからや。荷物は小さい方が取扱いが楽です。それで同じ話をしんならん。偉い学者になったら、大きなのが入っているから、それを出されると扱いも面倒なら、話も難しい。それが心の蔵《くら》の話なん。

知識と記憶と感情というものが人間の心の中にある。これがみな力なん。ですから、耳から入るものを入れる。目から入るものを入れる。せいぜい蔵の中に入れておかないかん。一度見たものは、「ああこれ見たことがあるな」て、二度目は分かる。それで、これが上等か偽物か分かる。多く見て、多く聞いた人は偉い。わたしみたいに出し入れの楽なんばっかりやったら、「又あれ出て来た」と同じ話ばっかりになる。

力というものは分からん。分からんけど、あるには違いない。観音さんの力というものは、どない言うてよいか分からん。大きくて、何にでも役に立つ力で、人間が言いようがない。それ何に効きますかて、難儀なことに出遭ったときにその力が間に合う。家でもそうです。これはお父さんに考えてもらわんならん、ということがある。これはお母さんに考えてもらわんならん、というものもある。余所《よそ》に知恵を借りに行かんならんこともある。分からんときは、「知恵を貸して下さい」と言う。今ね、弁護士という人がある。法律の知恵の力が頭の中にいっぱいある人や。家で困ったなあって言うてもあかん。弁護士さんに聞きに行ったら、これは法律でこうなってますと、一度に分かる。身体のことはお医者さんに行ったら分かる。この人達は、専門の知恵を多く持ってられるということや。

お医者さんでも、今は知恵が深くなって、これは内科や、これは外科やといろいろある。昔はそうやなかった。昔のお医者さんは『傷寒論』という本だけでやられた。先生そんなもんしか読んでおれらん。ですから、なんの病気でも「先生どうですか」て言うたら、風邪だと言われる、聞く者も分からんし、答える者も分からんかった。何でも風邪やった。

「これ飲んで一週間ほど寝とれ」と言われる。それで治らなかったら「もう一週間や。そしたら大概は治る。これは薬が治したんやない。自分で勝手に治ったのや。放っておいても治るものは治る。治らなかったら、これはお前の性が悪いのや」と言われる。

昔の医者は面白かった。病気は自分が治してやるけど、寿命はお前持ちやでと、病気も別に早く治らんでもええ、半期でも一年でも煎じて飲んどけ、としか言われへん。二階から落ちて先生呼んでも、「風邪や」と言われる。「先生、風邪と違いますよ、二階から落ちたんでっせ」と言うたら、「そら二階風邪や」と。知恵の足りん時代はそんなもんやった。今そんなこと言うたら大変やな。知恵が出てくると病気も多くなるし、何が悪いのかということが分かってくる。その逆に、水道の水には薬が入っていてくさいので、音羽の滝に水を汲みに来られる人も多いそうな。わたしは参りに来られるのかと思っていたら、水を汲みに来られるのやて、勿体ないね。

力というものは人間でも、放っておいたら出てこない。どっから養うかと言えば、見たり聞いたりすることから入ってくる。それがわれわれの力や。観音さんの力は、われわれ人間が想像しても考えても、手の届かんような不思議な力がある。『法華経』を妙法と書いてある。妙というのは、何とも言えんということや。妙だけでは分からんので、念彼観音力はこのような働きがあるということが書かれている。」

観音さんと通じる

人間の世界に自然の災害というものがある。雷やら大雨やら大風なん。人間界では火事や泥棒やら刃物やら交通事故やら病気やら、いろいろな難がある。自然の災難やら人間の業でできる災難やら、いくらあるか分からんほどある。当たりさわり、祟《たた》りあやかしもそうや。小僧さん使いに出すときでも、「お前は言葉が悪いから当たりさわりのないように言うのやで」って注意する。言葉でも当たりさわりがある。偉そうに言うたら祟りが来る。昔から言うわね、「さわらぬ神に祟りなし」て。チョカチョカもの言いすぎたら祟りが来る。黙っていたら祟りが来ない。言うので来るのや。これみな人間の災難の中に入って来る。

寒かったり暑かったりすると身体の調子が悪くなる。これ気候のさわりなん。食べすぎると腹が痛い。これ食べすぎが祟っているのや。あやかし言うたら、煽《おだ》てられることや。煽てに乗ったら、ろくなことない。人間の世界は、向こうからくる災難もあるが、自分が手を出して災難に遭うこともある。ですから、すること言うことを気を付けないと、その尻みな自分に帰って来る。当たりさわりのないようにするには、黙って坐っているのが一番なん。

人間の世界というものは楽なもんやない。そこで、そういうときに観音さんを念じていたら、観音の妙智力が助けてくれられる。念じることによって観音さんの力と人間の念力が出会う。それを通じるという。心というものは静かなものなん。この心がものに触れた瞬間に動く。動いたのを意という。もっと身体や言葉にあらわれたら気という。意馬《いば》心猿《しんえん》というて動くのが意で、それが外に出て交渉を持ったら気になる。元気がよいということは、働こうという気分が内側で催しているということなん。気というものは、どこにあるかと言えば、ないものなん。心が動いて表にあらわれたときに気になる。あの人とあの人は気があるで、ということがある。気って見えないものなん。見えないけど分かる。

何故に分かるかと言えば、動くからなん。動かなかったら分からない。もっと分かるように言えば、鉢植の前でお客さんが見てますと、このお客はこの蘭に気があるな、て分かる。それ何でかと言えば、気が花の方に行っているからなん。犬でも猫でも気が通じる。

犬や猫の嫌いな人、向こうがちゃんと知っている。別に何をする訳ではないけど、知っとる。これ何かと言えば、気が通うからや。その気に力があるのが念なん。念彼観音力の念というのは、そういう順序で出て来る。阿弥陀仏さんやったら一念阿弥陀、一生懸命に阿弥陀仏を念じたら、無量の罪が滅んでしまうという。そうなれば、現在は楽であり、未来も浄土に生まれる。

阿弥陀さんのお経でも、念仏・念法・念僧と念の字を上に書いている。観音さんのお経に『延命十句観音経』というのがある。言葉が十あるので『十句経』という。朝念観世音・暮念観世音……朝に観音を念じ、暮に観音を念じる。念々心に従い、念々心を離さん。一念一念の自分の心が観音さんを離さんというのを、念々不離心と書いてある。この念という字に力がある。なんで念に力があるのかと言うと、今言うように心が動いて意となって、それが活動して気となり、意と気が強くなれば観音さんに通じる。通じるほどの強い気が念や。そやってに善念も悪念も通じる。嫌いと思ったら、嫌いという気が向こうに行く。好きやと思ったら好きの気が行く。これは皆さん考えられたらよく分かる。

奈良の都の時代に、御所の中に呪いの物があって、それが昔の井戸の中に入っていて、平城の地を掘ったら出てきたという話を聞いたことがある。執念というものは、やっぱり昔からあるものなん。念力というものは善でも通じるし、悪でも通じる。ですから、うっかり悪いことを思ったらいかん。思うと執念のやつが忘れよらん。蔵《くら》の中にいつまでもいる。憎いとか忌々《いまいま》しいと思ったら、寝てても出てくる。朝起きたらまた出てくる。こんなこと思うたらいかん、と思って忘れようとするのに出てくる。それが執念なん。これが自分の心を煩わし向こうへも行く。悪い心は災いとして通じる。それが念力なん。蔵の中に悪念を入れたら、死んでもないようにならない。生まれ変わったら、善も悪もついて出てくる。

信心して観音さんに通じるて、どんなことかて、昔の霊験記に多く書かれている。それ今の人にお話しても通じない。そら、「昔のものは迷信や」と今の人の言う。これは、人間の知恵の足りん、暗闇の者が言うことなん。

このような話がある。八月の六日に広島に原爆が落ちたことは皆も知っているわね。もう亡くなられたが、広島に熊平金庫の主人（クマヒラ製作所の会長・故人）が住んでいた。この人とは何十年の付き合いで、観音さんの深い信者なん。家の宗旨は門徒やそうな。この人は、家族と一緒に市内から出て郊外に住んでいて、広島市に会社があったので毎日通ってられた。原爆が落ちた日の朝、時間が来て会社に行かんならんのやけど、お客が来て帰らへん。この間に原爆が落ち、それで助かられた。

もう一つは、病院の名前は忘れたけど、そこの院長先生が潰れた家の中に閉じ込められた。それで『観音経』の偈文を唱えてられた。その声を聞いた人があって助けてもらわれた。この話は私が原爆の後、見舞に行ったときに聞いたお話です。

災害というものは、予定できない。今出たら自動車に当たるなんて分からへん。ですから、常から念じていたら人間の念じる力が観音さんの妙智力で通じる。気が通う。中国ではね、「浩然の気を養う」と、気のことをやかましく言う。そら今言う心の動きのことをいうのです。天には天の気がある。天の気が荒れると人間は頭さげてじっとしてんならん。人間の気が天地に通い、天地の気が人間に通う。神さま仏さまに人間の気が通い、又人間に神仏の気が通う。

験者というのがある。これ修験道のことなん。昔の話に一休さんと験者が出会い、その行者が「えい」と言うと鳥さえ落ちるという話がある。そら気が通うからなん。嘘ではない。護摩の後、その火をずうっと並べてその上を歩く、火渡りの行事がある。その後、信者が同じように歩く。わたしそれ一度見たことがある。見ているだけで汗が出る。わたし熱いの嫌いです。向こうでプチというただけで熱い。わたしに渡れって言っても、見ているだけで汗が出るのに渡るどころの話やない。今でもその行がある。念力がどのくらいの働きがあるかて、気の働きを知らん者は分からへん。

神さんでも仏さんでも因縁の薄い者は通わへん。一生懸命に念じることによって気が通う。それが念彼観音力の念なん。観音さんに妙智力があるから通うのであって、無理なことはあかん。自分が無理と分かっていることは、自分が間違っているのやから通じない。何でもないことなん。こっちが真っ直ぐでなかったら通じない。箒の柄の紐が切れたら、無精な家では逆にして置いてある。何時までもそうしとけないので紐を通そうとしたら、紐は真っ直ぐでないと通らへん。ゆがんでいたら通らへん。それと同じで、神仏というものは、誠に正直なもので、真っ直ぐなものは、すぐに通る。ゆがんだのは、何度やっても通らへん。信心の者は、何で信心するかと言えば、真っ直ぐになる為なん。

人間同士は嘘で固まっている。信心のある者は分かっている。この場合は、こう言わないかん、と場合を作らんならんことを知っている。思っていることと口と態度と違う。これでお互いやから通じることになっている。誉めてもうまいこと言うなあと言うて、誉めようを誉めてくれる。これ、どっちも嘘ということよく分かっている。最後に両方で笑っておく。人間の世界は、何が何やらさっぱり分からん。言われたら、家に帰ってよく考えてみないと、半分嘘か分からん。そやってに人間同士に信用がない。「あの人、うまいこと言われるから気を付けんといかん」、と言われる。神さんや仏さんに、それを持っていくからあかん。人間扱いするからあかん。

ある酒飲みが、酒癖が悪くて嫌われるから、神さんに願かけて禁酒して、「三年間禁酒しますから、この癖が直りますように」と、手たたいて帰って来そうな。そのときはよいの。二日経ち、三日経ちすると、中毒やから辛抱できん。それでね、もう一度行って頼みましたけど、「どうしても辛抱できませんので晩だけ飲ませてください。その代わり、三年を六年にします」と願かけ直ししてきた。それでも酒毒というのは朝、顔を洗ってごはん食べる前に一杯飲まんと物も言われへん。そやから晩は無論やね。それで又、願かけに行った。「どうしてもいけまへん、すまへんけど朝晩飲まして下さい。その代わり、六年を十二年にしますさかい」と。これでは神さんも、どねんもしょうがないね。願かけするときは、根気が真っ直ぐでなかったら通らへん。神さんや仏さんは、石燈籠や金燈籠などもろても預かれへん。何にもあげなくてもいい。気が通うたらいい。それが念なん。

念彼観音力と言うたら、そういうことや。裏寺町のお寺で洗心会というのがあった。これわたしが話しに行って二百回になった。それで、なにか記念にしたげるということになって、西門の下に記念碑を建てて下さった。それに何か書けということやったので、「念彼観音力」と書いた。念彼観音力ということさえ分かったら、観音さんは言うこと聞いてくださる。

清水寺の本堂にたくさんの絵馬が上がっているわね。今はほとんど外しているけど、柱という柱に大小いっぱいあった。お礼参りに持って来られた物が多い。それみなご利益を頂いた印や。寺は知らん。観音さんへ参っての直接の話なん。昔も今も同じことで、昔ご利益あって、今売り切れてないようになった、てなことはない。こっちが真面目やったら観音さんにも通じる。この通じる力は信心しないと分からん。これが観音さんの願であり行です。

第四講

衆《しゅ》生《じょう》被《ひ》困《こん》厄《やく》
無《む》量《りょう》苦《く》逼《ひっ》身《しん》
観《かん》音《のん》妙《みょう》智《ち》力《りき》
能《のう》救《く》世《せ》間《けん》苦《く》
具《ぐ》足《そく》神《じん》通《つう》力《りき》
広《こう》修《しゅ》智《ち》方《ほう》便《べん》
十《じっ》方《ぽう》諸《しょ》国《こく》土《ど》
無《む》刹《せっ》不《ふ》現《げん》身《しん》
種《しゅ》種《じゅ》諸《しょ》悪《あく》趣《しゅ》
地《じ》獄《ごく》鬼《き》畜《ちく》生《しょう》
生《しょう》老《ろう》病《びょう》死《し》苦《く》

衆生困厄を被《こうむ》りて
無量の苦身《み》に逼《せま》らんに
観音妙智の力《ちから》
能《よ》く世間の苦を救《すく》う
神通力を具足し
広《ひろ》く智の方便を修して
十方の諸《もろもろ》の国土に
刹《せっ》として身《み》を現わさざること無《な》し
種種の諸《もろもろ》の悪趣
地獄鬼畜生
生老病死の苦

以《い》漸《ぜん》悉《しつ》令《りょう》滅《めつ》
真《しん》観《かん》清《しょう》浄《じょう》観《かん》
広《こう》大《だい》智《ち》恵《え》観《かん》
悲《ひ》観《かん》及《ぎゅう》慈《じ》観《かん》
常《じょう》願《がん》常《じょう》瞻《せん》仰《ごう》
無《む》垢《く》清《しょう》浄《じょう》光《こう》
慧《え》日《にち》破《は》諸《しょ》闇《あん》
能《のう》伏《ぶく》災《さい》風《ふう》火《か》
普《ふ》明《みょう》照《しょう》世《せ》間《けん》
悲《ひ》体《たい》戒《かい》雷《らい》震《しん》
慈《じ》意《い》妙《みょう》大《だい》雲《うん》
澍《じゅ》甘《かん》露《ろ》法《ほう》雨《う》
滅《めつ》除《じょ》煩《ぼん》悩《のう》燄《えん》
諍《じょう》訟《しょ》経《きょう》官《かん》処《じょ》

以《もっ》て漸《ようや》く悉《ことごと》く滅せしむ
真観清浄観
広大智恵観
悲観及《およ》び慈観
常《つね》に願《ねが》い常に瞻仰すべし
無垢清浄の光《ひかり》ありて
慧日諸《もろもろ》の闇《やみ》を破し
能《よ》く災《わざわい》の風火を伏《ふく》して
普《あまね》く明《あきら》かに世間を照《てら》す
悲体の戒は雷震のごとく
慈意妙《たえ》なること大雲のごとく
甘露の法雨を澍《そそ》ぎ
煩悩の燄《ほのお》を滅除す
諍訟して官処を経《へ》

怖《ふ》畏《い》軍《ぐん》陣《じん》中《ちゅう》　軍陣の中《なか》に怖畏せんに
念《ねん》彼《び》観《かん》音《のん》力《りき》　彼《か》の観音の力《ちから》を念ぜば
衆《しゅ》怨《おん》悉《しっ》退《たい》散《さん》　衆《もろもろ》の怨《あだ》悉《ことごと》く退散せん
妙《みょう》音《おん》観《かん》世《ぜ》音《おん》　妙音観世音
梵《ぼん》音《のん》海《かい》潮《ちょう》音《おん》　梵音海潮音
勝《しょう》彼《ひ》世《せ》間《けん》音《のん》　勝彼世間音あり

天地の法則を知るのが悟り

よく「信の一念」という。この一念が、善縁になったり悪縁になったりする。ですから「一念」が大切になる。「初一念」と言うたり、「初心不忘」（初心を忘れず）と言うたりして、初めの一念を忘れんようにしないかん。

お茶を習っても、お花を習っても、初めの頃は誰でも一生懸命やる。しばらく習っていると止《や》めてしまう。初めのうちは、上手になるまで勉強をしようと思っているけど、習っているうちに「あやかし」が入って止めてしまう。あやかしというのは、外から入ってくるのやない。自分の内から嫌気がさしてくる。

謡曲を勉強しますとね、初めのうちは誰の顔を見ても、やりとうなってくるものや。「あの人の顔を見たらあかんで、すぐに謡いをやりだすで……」というぐらいやる。しかし、しばらく習っている間に、あそこがいかん、ここがいかんと先生に直されると嫌になって、本なんか机の上に積んだままになる。ですから、初心を忘れたらあかん。初一念が大切になる。これが「念」の話になる。

真観清浄観　広大智恵観　悲観及慈観

と『観音経』に五観が説かれている。この中の「真観」をいうのが難しい。これは知恵が真実であるということなん。正直の人――正直の言葉の人、正直の心の人、これが真実なん。

「真」という字は「直」という字に「人」という字からできている。この「真を観る」ということが「悟り」なん。仏法で悟りというのは「真実を見た」ということなん。「真実」というのは、天地間にある。「天」には天の真実がある。それが春夏秋冬とあって、雨や風やというのが天の真実の通りに出てくる。それが天の法になる。また「地」には地の法がある。中国では、天が「陽」で地が「陰」になる。日本では「陰陽」という。この陰陽の交渉によって万物が生長していくというのが建て前になる。天には天の法則、地には地の法則がある。春になると陽気が土の中から出てくる。そうすると、雪が降っていても、土から陽気が出てくる。それから春の花が咲き夏になる。

食べ物でも、この陽気の通りになる。夏になると陽気が上にあるので、実《み》が蔓になるなりする。すると人間は、その実を食べる。また、秋から冬になりましたら、陽気が土の中に入ってくる。すると大根、芋というようなものを、土の中から掘って食べる。正月に七草を食べるというのは、土の中にある陽気が芽を出してくるので、それを取って食べるというので、この身体に陽気を受けるというお祝いになる。

法則があるのは、天地だけではない。人間にも魚にも虫にも法則がある。時候の変化で、虫は土の中に入ったり土から出てきたりする。ヘビはカエルを食べる。けど、陽気が土の中に入ったら、ヘビやカエルは土の中に入って、並んでいても食べもせん。これも法則の通りに生きている。どんなものにも「法則」があって、その法則を知るのが悟りになる。知恵がそれを知る。その知恵は禅定から出てくる。

ものには「相」というものがある。その相は「性」から出てくる。これを「性相学《しょうそうがく》」という。今日の言葉でいえば「理学」になる。それからもう一つ「科学」がある。今日の言葉でいえば、宗教の科学は「文化」になる。文化というのは綺麗になることをいう。人間が文化生活をするにつれ、生活が綺麗になる。言葉が綺麗、心が綺麗、住む所が綺麗になると、「あの人は文化人や」と言う。

例えば、「米」というものを一つとり出してみます。米を理学から申しますと、米にはいろいろの成分があり、それには脂肪があって、蛋白質があってという分析ができる。これは理学の立場なん。また、それをどのように扱うのか、というのが科学の立場になる。油を取るとか、酒を作るとかいうのは科学になる。ご飯にしたり、粉にして団子にしたり、焼いて煎餅《せんべい》にしたり、酢《す》を作ったりするのは科学なん。お米ができる軸をワラという。それを牛や馬に食べさすと、ワラが肉になる。紙にもなるし、ワラの布団にもなる。これは科学の力なん。

人間の文化人が、ヨーロッパから来た理科学を学んだ。仏教もこれと同じことなん。性を論じる時は理学で分析していく。人間は何からできるかと言いますと、草やら茶やら豆からで人間の身体ができる。それを牛に食べさすと草やら野菜が牛になる。相から見ましたら人間と牛とは違うが、性から見ますと同じ野菜や米からできている。その野菜や米は土からできる。ですから人間も牛も土の化物ということになる。

真観と清浄観

性に入って考えたら、一番小さいものを「極微《ごくみ》」と書かれている。極微（最も微細なもの、最小極限の原子）というのは名はあるけど物がない。人間の知恵ができてから物がある。知恵がなかったら何もない。

仏教では「本来無一物」という。禅宗なんかではこう言うて、一番初まりは何もない。無になるというその無が、因縁によって「有」の世界に入ってくる。そうすると、一が二になり、二が三になり、三が万物を生ずることになる。ですから病気でも、いくら出てくるか分からない。その増えていくのは、理学の方でつかまえていく。元に帰ったら「無」になる。

仏教の根元は、無に徹することなん。そこまでいってしもうたら、この世の中にあらわれた化物というものは、何も心配することはいらん。時間的に変化していくことが真理だから、何も心配することはいらん。

観音さんは、自分の心の中に、あれがある、これがある、あれが可愛い、これが憎いというのは、それは後天的なもので、後からできてきた紋様や、と言われる。わたしはそれを「興奮状態や」と言うている。好きになって取りにいったり、嫌になって喧嘩をしたり、火をつけにいったりするのは、それは興奮状態なん。

人間が悪いことをしたり、怒ったり泣いたりするのは、その時の興奮状態で起こる。ですから、しばらくじっとして押さえていますと、時間的に流れてしまう。これが観音さんの「真観」なん。

観音さんは修行中に先ずこの「真観」を成就された。これが成就しますと、次に「清浄観」になる。好きとか嫌いとか、善いとか悪いとかというのは、自分の心からそれを定めていくので、天地の法に合わせたら、善も悪もない、というのが清浄観なん。

カエルがヘビに食べられるというのは、善い悪いやない。人間が野菜を食べるのと同じで、悪いとは思うていない。カエルはミミズを食べる。そのミミズは土を食べる。ですから、どこがどうやら、善いとか悪いとかいうのは、人間が勝手に言うだけで、本来は一切「無」に帰する。

そこで、この「無」ということをよく考えんならん。人間は、あれが欲しい、これが欲しいと思うと、知恵が悪い方に働く。取る方と取られる方とでは、取る方の悪い知恵の方が勝つ。取られる方は、ぼんやりしている。

昔の話やけど、芝居の看板を見ている人の下駄を取る話がある。どうするかと言いますと、見ている人の左足を軽くさわる。すると見ている者は、右の下駄をぬいで左足をかく。その間に右の下駄を取る。右も同じようにして一足の下駄を取るという話なん。ほんとか嘘かしらんけど、そんなことが書いたる。

これは取る者と取られる者との知恵が違う。私の寺の金庫からお金を持っていかれたことがある。警察の調べでは、寺の者でよく事情を知っている者の仕業《しわざ》やろう、ということになって、職員を集めて顔を見てもろうたことがあった。巡査が一人々々の顔を見たけれど、巡査の言うのに、「この顔では金庫は開けられません」ということやった。果たせるかな、下の小学校の金庫も開けられて、先生の月給を持っていかれたことがあって、これは同一の者で、金庫を専門にねらう者やということが分かった。

みずから悪いことをする者は、欲しいというのが先になる。つまり感情が先になって知恵が出てくると悪知恵になる。知恵が先になって、正しい物の判断ができて感情がついてまわったら、それは正しい。けど、それはなかなかできない。正しい行をせんことには「清浄観」というのは出てこない。

お母さんの大悲の力

次に、「広大智恵観」とあるのは、知恵の大きいことをいう。内に向かう知恵だけやなしに、外に向かう知恵がいる。それが「悲観および慈観」と書いてある。観音さんに「大悲大慈」と名があるのはそれなん。
天の働きが「慈観」なん。土の働きが「悲観」になる。家の中にあてはめると、お父さんが「慈」になるし、お母さんが「悲」になる。観音さんの大願の中に、
南無大悲観世音、願わくば一切の法を知らん。
南無大悲観世音、願わくば一切の衆を度せん。

どんなものにも
法則がある
その法則を知るのが
悟りになる

というのがある。観音さんのことを「大悲」と書いてある。天は、雨を降らし光を出して万物を養うてくれる。光がなく熱がなかったら、生きていかれへん。これは「大悲」なん。ところが、暴風があったり雷があったりして、何が起こるか分からない。しかし、これも法則の通りにやっている。雷が起こらざるを得んので雷が起こったり光ったりするので、光ってみせたろかというので光るのではない。

家の中で言いますと、お父さんが家族を養うていられる。けど、気に入らなんだら叱られる。折々雷を落とす。これが天で大慈になる。お母さんの方は、大悲になる。こっちは地の方で、大水が出ても土がそれをかたずける。木がたおれたり、草がこけても、土がそれを育てる。家の中では、三度の食事を作って家族に食べさしていく。着ることの心配から洗濯から、みなお母さんがやられる。

天の難儀を地がまかなっていくのと同じように、家の難儀はお母さんが受けもっていかれる。それで「大悲」という。これは、泣くほど一生懸命にやってくれるという意味になる。それで観音さんを大悲ともいう。つまり観音さんは、お父さんの働き、お母さんの働きである。慈と悲を合わせて持っておられるので「大慈大悲の観音」という。

家の中で子供は、お父さんいなかったら気ままを言う。私の幼少の頃は学校の帰り道で川遊びをして帰る。家に帰ってお父さんが在宅やと、こっそり家に入って机の前に坐って勉強をしているように見せたものなん。けどお父さんは、そんなことは百も承知なん。それを知っているお母さんは怒らんと、後の始末をみなしてくださる。それで大悲になる。

この「慈悲」というのを別の言葉で言いますと、「抜苦与楽」という。苦しみを抜いて、楽しみを与えるという。苦しみを抜いて下さるのがお母さんで、楽しみを与えて下さるのがお父さんになる。どちらかと言いますと、楽しみを与えてもらうのも有難いけど、難儀をしているのを助けてくださる方が、よけいに有難い。それで、家の中ではお母さんが一番有難い。

昔の親孝行の話は、中国にもあるし日本にも沢山ある。大体お母さんに大事にしてもろうたということで、お母さんの年寄りを大事にする、ということが書いてある。

お母さんの恩がいつまでたっても残っている。私はやはりお母さんのことが思い出される。中学校に行っていました時に、郡山の下宿へお父さんからの呼び出しがあって、すぐ家に帰れ、というので帰ったら、「おまえは、あしたから学校をやめて坊さんになれ」とお父さんが言われた。もうすでに決めてあった。

明治の頃ですからね、仏教は廃止という時代ですから、お寺へ行くと聞いてびっくりした。けど、その頃は親の言うことに背くことはできない時代でしたから黙っていた。そこで、私の腹が決まるのは、やはりお母さんやった。お母さんが「おまえが奈良の興福寺へ行って坊さんになってくれたら私は喜ぶ」という言葉やった。それで私は「お母さんが喜ぶのなら行きます」と言うた。

私の兄弟は大ぜいいいましたが、お母さん一人が世話をしてくださった。雪でも降ったら、その雪の中を子供達を送り迎えするのがお母さんやった。自分のことなんか全く考えていない。これが「真観清浄観」なん。それを見ていますから、お母さんが喜ぶと言われたので、私の気持ちが決まった。

これは何かと言いますと、「大悲の力」なん。観音さんには、大慈のにらみがあって、大悲もある。これが観音さんなん。その観音さんは、内らに向かっては「真観清浄観」で本来は無に立っていられる。自分に対しては本来無なん。けど大衆に「無や」と言うても分からんので、ああなりたい、こうしてもらいたいという願を持ってきたら、観音さんは

「よしよし」と言うてみな聞いてくださる。これが、観音さんの「観」という字の働きになる。

観音さんにお参りする時は、「南無大慈大悲観世音菩薩」という。あるいは「南無観世音」「南無観」という。この「観」の中に観音さんの働きがみな入ってしまう。

奈良二月堂（東大寺）の修二会に参ったら、初めのうちは行者さんが「南無観自在」ととなえていますが、だんだん先にいきますと、「南無観、南無観」と言うていられる。観の中に、南無も慈悲もみな入る。この「観」は、観音さんの知恵の働きであって、その知恵が皆に合うようにやってくださる。女には女に合うよう、子供には子供に合うようにしてくれられる。これが科学なん。

観音さんを忘れない

お釈迦さんの仏法は、因縁によってすべてのものが生ずるから、この因縁を清潔にするということを中心にして説かれた。滅後にしばらくして、教団が二つに分かれた。つまり上座部と大衆部の二部に分かれ、時間がたって、大乗仏教の運動が始まった。

それから五百年、千年とたって、だんだん宗旨ができてきて、しまいには「三論宗」と「法相宗」になった。この三論、法相の時分に、中国の玄奘三蔵《げんじょうさんぞう》（六〇〇—六六四。六十三歳で寂す。七十四部、一千三百三十五巻を訳す。門下三千。法相・倶舎の祖とも仰がれる）がインドへ行って勉強して帰られたのが、奈良に伝わり、平安時代に天台宗・真言宗が開かれた。ですから、宗旨としては奈良の宗旨が一番古いことになる。

この宗旨の教えというものを、後の人々に合うようにしな科学にならない。八百年ほど前に法然上人が出られて、天台や真言のようなことを言うていたのでは今の世に合わん。教育の乏《とぼ》しい者に救われる道がないので、それよりも阿弥陀さんの教えが一つあったら、それで皆が喜ぶというので「念仏」をやられた。学問の方で入ってきたのが禅宗になって侍に採り入れられた。京都の五山、鎌倉の五山がそれなん。

一般の者は「南無阿弥陀仏」というお名号で、極楽の生活になりきることを、法然上人が導いてくださった。それで念仏が盛んになり、お弟子に親鸞聖人が出られて一そう弘《ひろ》まった。それは、その時代々々にあった説き方なん。

それが機法一体になる。奈良仏教も天台・真言に変わり、天台・真言も念仏に変わった。この先はやはり、有難いのは念仏になると思う。けど、念仏で往生するというのは死後のことなん。それではいかん、現世で往生せないかんということが明治時代に起こった。これを言いだされたのが、東京芝の増上寺におられた椎尾《しいお》弁匡《べんきょう》さん（一八七六―一九七一。大本山増上寺八二世。大正大学々長。近代仏教学の先駆者と言われる）です。

私の方の分析から言いますと、時間は刹那生滅なん。刹那と言うたらその瞬間をいう。橋の上から川を見ますと、水は一瞬間もじっとしていない。川の水だけやない。天地間にあるものは、時間的に流されていく。花でもね、一番短いのが朝顔なん。朝咲いたと思うたら、昼には枯れていく。それで、その花とは末代までお目にかからない。

すべてにそうですから、悪念を持ってきて、話をしているうちに、その悪念がどこかへ行って、よい気持ちになることもあるし、またその反対もある。水の流れるように変化していく。念仏が有難いとなったら、時間的に生死しているのやから、時間的に往生というのがここに成立するというのが論理的に出てくる。ですから、椎尾さんの言われたことは、某に言われたのではなく、学問的に言われたことになる。

観音さんの信仰も、念の一念から、善にもなり悪にもなる。ですから話を聞いて、それはそうやなと思うたら善になる。何も思わずに来て座って話を聞いているうちに変わってくる。そやから、一遍でも二遍でも仏さんの顔を見て話を聞かないかん。善いことに触れないかん。

中国の仙人が汚いことを聞いたので、耳を洗うている絵がある。これが仏教信者の行なん。悪いことは、見てもいかんし、聞いてもいかん。思うてもいかん。「殴ったろうかと思うても、相手に思うだけなら痛いことをあたえんやないか」とか「取ったろかと思うても、取らなんだら法律にかからんからええやないか」と言う。しかし、仏法の世界から見たら、それは悪に入る。たとえ法律にかからんでも、心の中に善悪が働く。

ですから宗教にいる者は、自分を粗末に思うたらいかん。もっと、自分は仏さんほど尊いものやから、汚したらいかん、泥をかけたらいかん、汚いものに触れたらいかんと注意せないかん。こういうように観音さんが教えて下さる。

それから「観世音」というて「音」という字が入っている。「妙音観世音　梵音海潮音　勝彼世間音」と書いてある。

観音さんの声は妙音やという。そして海の潮のようなものや、と誉めてある。「天に口なし、人を以て言わしむ」という言葉がある。朝日新聞に「天声人語」というのがある。永井瓢斎さん（一八八一―一九四五。本名は栄蔵。三高、東京帝大を出て大阪朝日新聞社に入り社会部長、京都支局長を歴任。大正十三年より十年間天声人語を担当し独特の社会観察と風格ある文章は一世を風靡した）が始めたもので、文章も上手やし絵もよかった。

天の声は耳に入っていても聞くことができない。しかし、よく考えたら、人をもって言わしむやから、仏さんの声も神さん観音さんの声も人間を通して言うていられる。世間の世論というのがそれなん。それは、新聞に出たりラジオを通して出てくる。今日の日本の政治はどうか、経済はどうか、というのは観音さんの声なん。ですから、観音さんはお厨子《ずし》の中にいられるということやない。生きてて、皆の口を通して言うていられる。

新聞は、この眼で読むものなん。けど「見」とは書かずに「聞」と書く。新聞に書いてある字は「声」なん。その声を正しく聞くことが大事なん。それが観音さんになる。「南無観世音」という一念で観音さんと連絡する。無刹不現身（刹として身を現わさざること無し）とある。ですから、生きている世界は、観音さんをつかまえて、喜びも悲しみも難儀も、すべての時において、「南無観」を忘れんように持っていかないかん。

第五講

是《ぜ》故《こ》須《しゅ》常《じょう》念《ねん》　是《こ》の故《ゆえ》に須《すべから》く常《つね》に念ずべし
念《ねん》念《ねん》勿《もつ》生《しょう》疑《ぎ》　念念に疑を生ずること勿《なか》れ
観《かん》世《ぜ》音《おん》浄《じょう》聖《しょう》　観世音浄聖は
於《お》苦《く》悩《のう》死《し》厄《やく》　苦悩死厄に於いて
能《のう》為《い》作《さ》依《え》怙《こ》　能《よ》く為《ため》に依怙と作《な》れり
具《ぐ》一《いっ》切《さい》功《く》徳《どく》　一切の功徳を具して
慈《じ》眼《げん》視《じ》衆《しゅ》生《じょう》　慈眼をもって衆生を視《み》
福《ふく》聚《じゅ》海《かい》無《む》量《りょう》　福聚の海《うみ》無量なり
是《ぜ》故《こ》応《おう》頂《ちょう》礼《らい》　是《こ》の故《ゆえ》に応に頂礼すべし

爾《に》時《じ》持《じ》地《じ》菩《ぼ》薩《さつ》。即《そく》従《じゅう》座《ざ》起《き》。前《ぜん》白《びゃく》仏《ぶつ》言《ごん》。世《せ》尊《そん》。若《にゃく》有《う》衆《しゅ》生《じょう》。聞《もん》是《ぜ》観《かん》世《ぜ》音《おん》菩《ぼ》薩《さつ》品《ほん》。自《じ》在《ざい》之《し》業《ごう》。

普門《ふもん》示現《じげん》。神通力者《じんずうりきしゃ》。当知《とうち》是《ぜ》人《にん》。功徳《くどく》不少《ふしょう》。仏説是普門品時《ぶつせつぜふもんほんじ》。衆中八万四千衆生《しゅじゅうはちまんしせんしゅじょう》。皆発無《かいほつむ》等等《とうどう》。阿耨多羅三藐三菩提心《あのくたらさんみゃくさんぼだいしん》。

(爾《そ》の時に持地菩薩、即ち座より起《た》ちて、前《すす》みて仏に白《もう》して言《もう》さく、世尊、若《も》し衆生有《あ》りて、是《こ》の観世音菩薩品の自在の業、普門示現の神通力を聞《き》かん者《もの》は、当《まさ》に知るべし。是の人は功徳少《すくな》からじ。仏、是の普門品を説きたまう時、衆中の八万四千の衆生、皆《みな》無等等阿耨多羅三藐三菩提の心《こころ》を発《おこ》しき。)

法に背いたら罰が当たる

わたしはよくお医者さんの話をしますが、この話が観音さんを話すのによく分かるのでするのです。

　お酒の好きな人がお医者さんに診てもらう。「先生どうでしょうか」と言うたら、先生はお酒の好きなことを知っていて、このくらいの病気やったら、かまへんやろう、と思われたら、「少しなら呑んでもよろしい」と言うてくれるのは、観音さんの広大智恵観、悲観および慈観で言うてくださる。

お医者さんでも、いつもこの身体を見てくださる主治医の先生をお互いに決めとかないかん。そして先生を信頼して、風邪や言うては診てもらい、頭が痛い、お腹が痛いと言うては薬を貰うて飲むとよく効く。先生を信じないかん。「あの先生あかんで、あの薬はあかんで」と言うたのではいかん。信頼をもたないかん。

観音さんも信じたら、よくきいてくださる。きいてくださったらご利益なん。逆《さか》ろうたら罰が当たる。ご利益と罰は裏表なん。うまいこと言ったら「ご利益や」と言い、うまいこといかなんだら「罰や」と言う。

仏さん神さんをつかまえて、おたのみする時に、無理を言うても、それはきいてくださらん。それで「あの仏さん神さんはあかん。罰を当てはる」と言うことになる。それは注文する方に無理がある。

つまり法に逆らうので罰になる。昔はよく日本中を歩きお話にまわりましたけどね。ある時、杉木立のとても美しい山を車で通ったことがあった。何とも言えん清々しさを感じて山を誉め、木を誉めた。それから、雑木林にさしかかって雑木が蔓でまかれて邪魔されて大きくなれないのを見て、これは罰やなと思うた。

人間でもね、温泉に行くなと、山や海へ行くなと、月を見にいくなと自分の好きなところへ行ける。しかし、悪いことをして刑務所に入れられたら、花が咲いても見に行くこともできないし、祭りやというても外へ出ることができない。見ることも出かけることも、食べることもできない。罰が当たっている。何に罰が当たったのかと言えば、「法」に罰当たっているのです。ですから、人間は人間の法に背いたら罰が当たる。

身体でもね、法に背いたら罰が当たる。若い時は罰が当たってもそれをはね返す力があるけど、年寄りや子供はそうはいかんので罰を受ける。もう年寄りますとね、寒い、暑いのに罰が当たる。暑いというので、着物を一枚でも脱ぎましたらね、すぐ罰が当たって鼻水が出てくる。

この前ね、見えたお客さんに、「こう暑いのに毎日働いて大変ですね」と言いましたら、「家は冷房ができてますので、そんなことありません」と言われた。それで、「そんな冷房のきいたところで一日中、仕事をしてられては、身体に毒ですよ」と言いましたら、「はい、そうですね。それで懐炉を腰に入れてますね」と言うていられた。冷房やから、冷やすのが目的なん。それに当たって放っといたら罰が当たるの。それで懐炉を入れることで罰が当たらずにすむことになる。

罰というのは、法に背くので当たる。その反対に、法に背かなんだら、ご利益がくることになる。仏が即ち法、神さんが即ち法、法が即ち神仏になる。これが正しい。

そこで、観音さんのご利益というのはどんなんかと言いますと、それぞれ加減をしてくださる。家で親が、子供のいう注文を一つ一つ聞かれる。「よしよしそれも買うたるで、あれも買うたるで」と言うて聞かれる。けど、すぐそれを買うてやらないのが親なん。必要なものやったら与えるけど、必要でないものは与えられへん。その時がくるまで放っておかれる。それも慈悲なん。必要でない物を、ほしいと言うから与えるというのは慈悲やない。

子供の方からすれば、思うようになったらご利益なん。思うようにならなんだら罰になる。ですから、神仏を持つ者は、ご利益と罰をよく受けとかないかん。

法に背くので罰が当たる。悪いことをして警察が捕まえていっても、別に罰を与えるのではない。法に背いたら、身体の自由を奪われる。天地の法則に背いたら生きていられない。

お父さんお母さんは、真観清浄観で見てられて、知恵でもって、女の子は女の子らしく育てる、男の子は男らしく育てることが、極楽になる。この身体の上においても、今日はよけいに働いたから、早く風呂に入れて身体を休めてやらないかんとか、明日はこんな仕事があるから、今日は少し身体を休めないかん、ということが分かる。これは、人間の心の、身体に対する慈悲なん。それを、「そんなもんあるか、働けるだけ働かせ」と言うてやったら、身体に故障が出てくる。身体に故障が起こったら、長い間寝んならん。ひどければ入院して診て貰わんならん。

ですから、この身体をよく見てやらないかん。自分の能力、体力に合うように、食べ物から着物から見てやらないかん。お経に書いてあることをよく考えたら、地獄極楽だけの話やない。お経には日常生活のお互いのことが書いてある。身体を大事にしてやったら、いつまでも身体がもてる、ということが書いてある。

着物を大事にする人は、いつまでも綺麗な着物が着られる。着物を粗末にしたら、すぐ汚れてしまう。大事にしたら、大事にされたものが喜ぶ。神、仏さんにご利益を頂く者は、神、仏さんを大切にして「有難い、勿体ない」と言う。神仏が有難い。履物が有難い勿体ない。すべてが有難い勿体ない。

そやから、観音さんのご利益というものは、疑うこと全くない。ところが人間は、「そんな神仏のご利益てあるものか」と言う。人間は疑いが多い。親を疑い、夫婦で疑い、子供を疑う。近ごろどう思うているのやろう……というと、そこに疑いのうずが巻く。すると有難い、勿体ないという心が出て来ない。観音さんのことをいくら言うても、信心がなかったら疑うことになる。お釈迦さんはそれをよく知っていられて、「念念疑いを生ずることなかれ」と言うてられる。一念でも疑うたらあかん。観音さんはこの世の聖なん。

苦しみや悩み、それに死というのは、いつどこで出てくるか分からない。分からんというのは知恵がないので分からん。偶然の出来事やと言うけど、この世の中に偶然ということはありえない。四条の橋の上で出会ったりすると、「やあ、こんなところでお会いするとは偶然ですな」と言うて挨拶をする。そら、その場だけを見ていたら偶然かもしれんけど、一人は東から、一人は西から橋を渡ってきたら、橋の上で会うのは当然のことなん。

蟻でもね、見ていますと、右と左から歩いてくると、二匹が会いよる。すると、二匹の蟻が、「やあ久しぶりですな、こんなところで会いまして」と言うて別れていく。その場

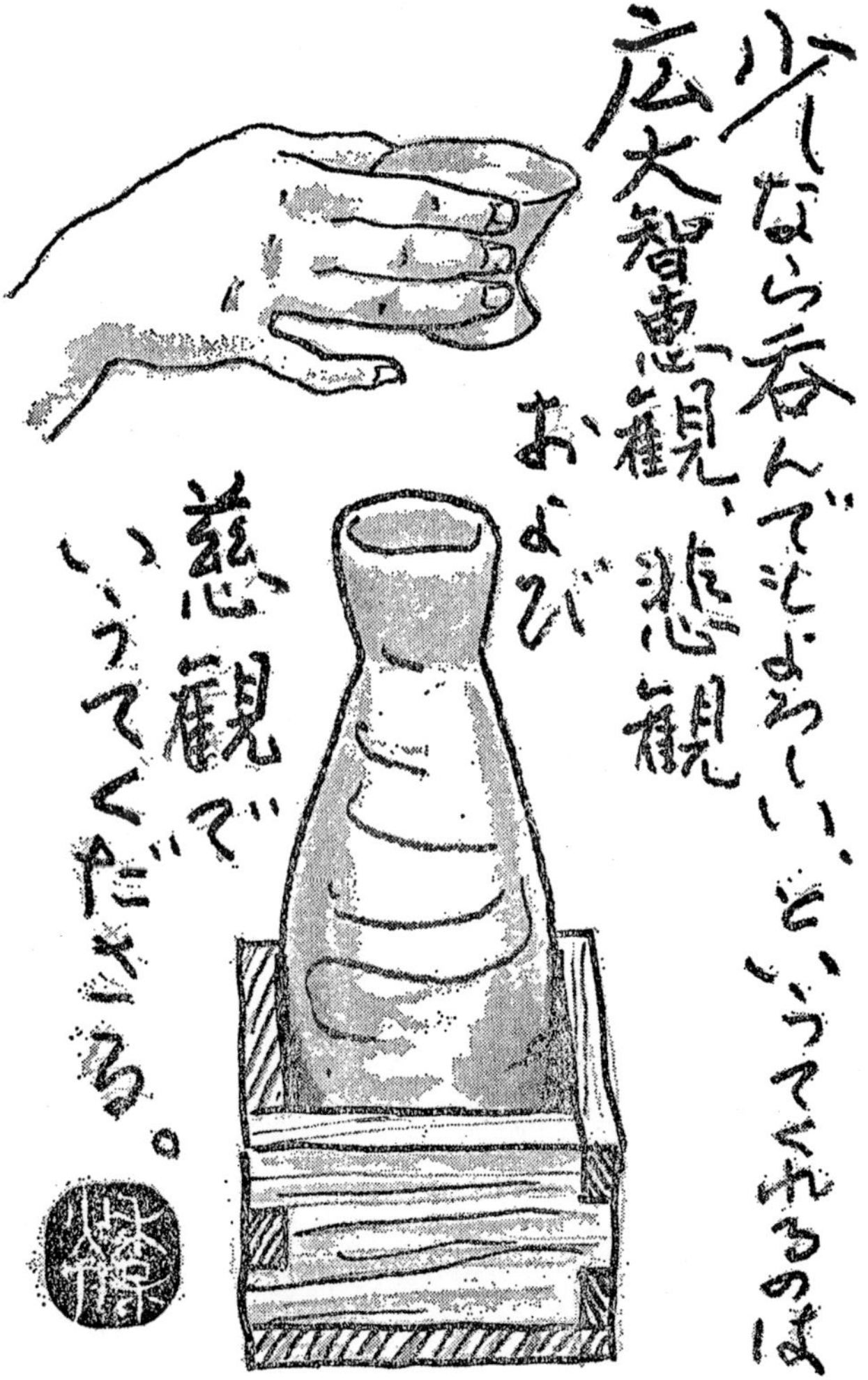
少しなら呑んでもよろしい、というてくれるのは
広大智恵観、悲観
および
慈観で
いうてくださる。

にいたものは偶然のように見えるけれど、蟻の行列を上から見てたら、もうすぐに二匹の蟻は会いよるで、ということが分かる。それと同じことなん。因果の法というのは決まったるのです。ですから、信心をして自分を守らないかん。

観音さんの五福

苦悩死厄において、能くたよりとなり力となって、眼をかけてくださる、……これが観音さんになる。次に、「具一切功徳　慈眼視衆生　福聚海無量　是故応頂礼」——これが観音さんの一番有難いところなん。これだけさえ覚えていられたら、悪事災難から逃れてご利益が身についてくるというのです。

観音さんが、一切の功徳を持ってられる。分かりやすく言えば、観音さんの知恵の蔵《くら》には、どんなものでも欲しいものがある。蔵が大きい。そして観音さんの眼は、慈眼をもって衆生を見て下さる。善も悪も、人間も草木も動物も見える。雲が大空から下を見るのと同じなん。山も谷も上から見ている。観音さんは雲のように広い眼で、この地上を見てられる。

それから、福のあつまることは海のように無量である……と書いてある。「福」というのがよろしい。「五福」と言うて、福に五つある。寿命の長いこと、財産のあること、尊敬を受ける位にあること、知恵のあること、家族が大ぜいあること。これが五福なん。健康で長寿であって、衣食住に不自由なく、世の中の人々から尊ばれて、そして知恵があって家族が賑やかでないといかん。いくら知恵があり、皆から「先生、先生」と呼ばれても、一人ぼっちではいかん。家族が沢山でないと福にはならない。

この五つの蔵を観音さんが持ってられる。信心しまして観音さんにたのみますと、この蔵から出してくださる。その一番が寿命なん。生命がなかったら、財産があろうが地位があろうが、何があっても死んだらあかん。地上にいるもので、人間だけやなしに、一番大事なのは命なん。

豊臣の終わりの関ケ原の戦のことなん。関西は石田三成《みつなり》が大将で、それが西の長州やら薩摩やらの大将を呼び集めて関西勢を作って関ケ原まで来た。それを聞いた徳川方は、東の力を集めて出て来て戦をやって東が勝った。それで石田三成が捕まって河原で首を取られることになった。首を取られる前の日に、三成が、「どうも腹のぐあいが悪いので、韮《にら》雑炊《ぞうすい》を炊《た》いてくれ」と番人に言うた。するとその侍が、「あんたは明日、首を取られる身であるのに、腹ぐあいが悪いからと言って、韮の雑炊を食べても、命と全く関係がないやないか、そんなんやめときなはれ」と言った。すると三成が怒った。「何を言うか。侍というものは、死ぬまでは主君の身や。首を取られるというのは、それは戦のなりゆきでそうなるので、しかたがない。けど死ぬまでは、一時間といえども粗末にすることはできない。文句を言わずに、韮雑炊を炊いてくれ」と言うたということが書いてある。

わたしはね、あんまり石田三成を賛成しなかった。何でかと言うと、そんないらん戦をしたからなん。それは、徳川家の力が強くなって大阪側がだんだん下ってきたので戦をしたわけで、意味はよく分かっているのやけど、いらんことをしたために、豊臣家が早く滅んだという結果になった。それで石田三成は嫌いやった。関西の方を味方してね、三成は嫌いやった。別に私は豊臣と親類でもなんでもないけど、関西人というのでそう思うていた。ところが、首を取られる前の日の韮雑炊の話を読んでから、三成が好きになった。やっぱり豊臣家には偉いのがいるな、というので三成の賛成者になった。

これはね、命というものを疎《おろそ》かにしたらいかん、ということなん。一人前の人間に仕上げるのには、父母の苦労というのは大変なことなん。身をすてて育てんことには、一人前にはなられん。悪い方にいかんよう、身体に故障のないように、病気でもしたら、寝んと看病してくれる。神仏とその精神は一緒なん。大慈大悲なん。

子供を育てるのは、順送りやから、そんなに考えないけど、たいした仕事なん。仲々の苦労なん、今日、特に大変や。ですから、子供が親に孝行するというのは当たり前のことで、東洋の教育になったる。人間だけに孝行がある。

この親の教育というものは神仏の大慈大悲やから、一人前になった命というものは、尊い力の結晶になるので大切にしないかん。観音さんの霊験記には、命が助けられた、ということが沢山書いてある。中国にもたんとある。わたしらよく知っているのに、日蓮上人が法難に遭うて殺されようとした時に、ふり上げた刃が折れくだけたという話がある。この他にも清水の観音さんにもいくつも霊験記がある。

それから次にあるのは財産。財産がなかったら食べられない。それが観音さんの蔵からいただける。それから衣食住に不自由なく、地位がありましても、一人だけやったら淋しい。孤独の淋しさというのは年寄りますとよく分かる。若い時分は友達が大ぜいある。すぐ友達になって仲良く話ができる。けどね、お爺さんお婆さんになったら、誰も来てくれない。また愛想《あいそ》よく話も若い者のようにようやらん。

前にね、鳥取からお婆さんが来られた。わたしが若い頃よく講演にいっていた寺の娘さんなん。もう何十年前のことです。遠方から出てくるのやから、と思うて待ってました。そしたら、えらい婆さんになって、挨拶も何もなしに、「わしな！」とやられる。愛想も何もない。年寄りますと自然とそうなる。耳が遠くなったり、視力が衰えたりするので、本を読むこともできないし、人と話をするのも聞きとりにくい。すると自然に人が寄って来なくなる。淋しいものです。これで信心でもなかって孤独になったら、年寄りは可哀そうなものです。

そやから、長命して、衣食住に不自由なく、地位があって、ものの分別があることが福です。この五福が観音さんの蔵の中に海の如く無量にある。それが、求めに応じて、加減をして、子供には子供に合うよう、年寄りには年寄りに合うよう出してくださる。

福が欲しい、という気持ちが観音さんに通じる。そうしたら、世界中の人が観音さんに福が欲しいと思うたら、観音さんは、どないにされるのやろか。

お月さんは、天に一つしかない。けど田の中にも入るし、河の中、池の中、茶碗の中でも水を入れたら入られる。世界中どこへでも水さえあったら入られる。それが光の力なん。それと同じで観音さんの法力は天地一杯です。人間に信心があったら、全世界の人々が、その光に浴することができる。

誰がどこで信心しても、信心の水があったら、観音さんに通じ、天地自然の道理に通じる。ただし、無理なことはあかん。理のないことは通らない。通らんのもご利益やし、通るのもご利益なん。何でも彼でも仏さんがきいてくださる、というものやない。信心で誠心「南無観世音」というのは通る。けど、親にでも、下心があったりして頼んだら叱られるのと同じことです。逆に誠の心から出たことは親心に通じる。泣いて見せたら、親は言うことをきいてくれるやろう、あばれたら親がきくやろう、という芸はあかん。

信心なしに、観音さんに「これでどうじゃ、これもどうじゃ」という願いは通らない。何故通らんのかと言いますと、そこに働くのが「法」なん。道理であり真理です。ですから、人間は誠心にならないかん、というのが基礎になる。

人間同志で、真心でたのみに行ったら、できるだけのことをしてくださる。具一切功徳、慈眼視衆生、福聚海無量であるから、この故にまさに、頂礼すべしです。有難い、勿体ない、という生活に入るのが、人間だけが持っている信心の徳なん。それがまた大きな喜びなん。

人間はね、この身体があるので悩むのです。着物もいれば、食べる物もいるし、住むところがいるので、あれやこれやと苦しむ。身体がなかったら、身体に関する苦痛はなくなる。人間はこの肉体があるために「生老病死」がついてまわる。これによってお互いに悩むのです。悩むと気力が衰える。そうして死ぬということになるのです。ですから気力をしっかり持ってないかん。気力は信心から出てくる。最後の最後まで信心で気力を失わんようにしないかん。これが観音さんの「福聚海無量」のご利益なん。

この話をお釈迦さんがされると、最後にお地蔵さんが出てこられる。「持地菩薩」とあるのが、お地蔵さんのことです。

お地蔵さんが出てこられて、大ぜいの人々に、「あなた方はこの観音さんの話をよく聞いて、得心して有難いと思うたら、仏さんの心になって仏さんの位になるのやから、信心をよくせないかん」と最後に言うてられる。お地蔵さんが有難い。お地蔵さんはあちこちにも沢山お祀りしてある。そのお地蔵さんが観音さんのことを誉めて最後にそう言うておられるわけです。

どうぞ皆様、お観音さんの信心をよろしくお願いしたいと思うています。

あとがき

良慶和上は、釈尊の入滅された日、すなわち涅槃の日の二月十五日（昭和五十八年）入寂された。和上は前日も頗るお元気で朝夕の勤行も終えられ、平常とかわるところなかった。当日午前四時、忽爾として逝かれた。時に百七歳。確かな記憶そして洞察力は少しも衰えることなく、仏を念じ人を思い世を思い社会の安寧を念じつつ、まさに観世音菩薩そのもののお姿であった。

晩年は眼もうすく、耳も遠かったが、人類が仲良く手をむすび、この地上に安穏の楽土が将来するよう願い、百歳をこしてなお矍鑠として世界の人々に呼びかけられる姿を一目でもと訪日される各国の要人たちが訪山されてきた。五十七年にはフランスのミッテラン大統領、イタリーのペルティーニ大統領、国連のディクェヤル事務総長、中国の趙紫陽副首相等々が相ついで訪山、和上と会見された。

ミッテラン大統領ご夫妻が会見を終えて、直立不動の姿で別れを惜しまれた光景は印象的であった。「和」と揮毫の色紙を贈られた国連事務総長は、私の事務総長室に掲げ、和上の心をうけてゆきたいと思いますと喜んで帰られた。それはすなわち、和上が身をもって示されてきた法の心に生きる大慈大悲の実践が、多くの人々の共感となり、また地上に求められ希求される大切な要諦であるからであろう。

和上の念願の大講堂の落成を一目でも早く見ていただきたいと、建設工事関係者は完工を早めるべく懸命の努力をしていた。その矢先の和上の入寂であった。

和上が晩年講ぜられた『坐禅和讃』、『夜船閑話』は既に大法輪閣より刊行された。さらに大法輪誌上に掲載された観音経偈文と自我偈を講ぜられたのが一書にまとめられ上梓されることとなった。和上生前の語り口調そのまま、観世音を信仰する心がまえ、観音の慈悲心、そして日常の生活の中に観音のみ心をどう生かすべきかが語られている。この書を通じ、さらに深く慈悲の心、観音の智慧が、一人でも多くの方にご理解いただき弘布されゆくならば、和上は喜んで下さることと思うのである。そしてきびしさの中に平易にかみくだいて語られた一言一句に心うちひびき、みちびきが蘇ってくるような思いに浸るであろう。

和上の一周忌をやがてむかえる今日、本書を刊行くださることとなった大法輪編集部、殊に本間康一郎氏のご尽力に深甚の謝意を表するものである。

昭和五十九年一月下浣

松本大圓識

法華経 自我偈 観音経偈 講話

昭和59年2月15日　第1刷発行©
平成4年7月20日　第5刷

著者　大西良慶

発行者　石原明太郎

印刷所　三協美術印刷株式会社

東京都渋谷区恵比寿1-29-25

発行所　有限会社 大法輪閣

電話(03)3442—2819

振替東京 3—19番

《おことわり》
本書には、差別的あるいは差別的ととられかねない不当、不適切な表現が含まれていますが、当時の時代背景、および差別助長の意図で使用していない事などを考慮して、それらの削除、変更はいたしませんでした。この点をご理解いただきますよう、お願い申し上げます。〈編集部〉

法華経 自我偈 観音経偈 講話（オンデマンド版）

Digital Publishing

2004年6月30日　発行

著　者　　大西　良慶
発行者　　石原　大道
発行所　　有限会社 大法輪閣
〒150-0011　東京都渋谷区東2-5-36　大泉ビル
電話 03-5466-1401　FAX 03-5466-1408
振替 00130-8-19番
URL http://www.daihorin-kaku.com

印刷・製本　　株式会社 デジタルパブリッシングサービス
URL http://www.d-pub.co.jp/

AB703

ISBN4-8046-1638-1 C0015　　Printed in Japan